Três estudos sobre Hegel

THEODOR W. ADORNO

Três estudos sobre Hegel

Aspectos
Conteúdo da experiência
Skoteinos ou Como ler

2ª edição

Tradução
Ulisses Razzante Vaccari

Posfácio à edição brasileira
Vladimir Safatle

editora
unesp

Título original: *Drei Studien zu Hegel*

Direitos de publicação reservados à:
Fundação Editora da Unesp (FEU)
Praça da Sé, 108
01001-900 – São Paulo – SP
Tel.: (0xx11) 3242-7171
Fax: (0xx11) 3242-7172
www.editoraunesp.com.br
www.livrariaunesp.com.br
atendimento.editora@unesp.br

Dados Internacionais de Catalogação na Publicação (CIP) de acordo com ISBD
Elaborado por Vagner Rodolfo da Silva - CRB-8/9410

A241t
Adorno, Theodor W.
Três estudos sobre Hegel: Aspectos; Conteúdo da experiência; Skoteinos ou Como ler / Theodor W. Adorno; traduzido por Ulisses Razzante Vaccari. – 2. ed. – São Paulo: Editora Unesp, 2025.
Tradução de: *Drei Studien zu Hegel*
Inclui bibliografia.
ISBN: 978-65-5711-296-0
1. Filosofia. 2. Hegel, Georg Wilhelm Friedrich. 3. Escola de Frankfurt. 4. Ética. 5. Filosofia alemã. 6. Conteúdo da experiência. 7. Skoteinos. 8. Como ler. I. Vaccari, Ulisses Razzante. II. Título. III. Série.

2025-2216 CDD: 100
CDU: 1

Editora afiliada:

Asociación de Editoriales Universitarias de América Latina y el Caribe

Associação Brasileira de Editoras Universitárias

Sumário

Introdução à Coleção

Figura maior no panorama filosófico do século XX, Theodor W. Adorno foi responsável por uma experiência intelectual gerada pela confrontação incessante da filosofia com o "campo da empíria", em especial a Teoria Social, a Crítica Literária, a Estética Musical e a Psicologia. Nessa desconsideração soberana pelas fronteiras intelectuais, estava em jogo a constituição de um conceito renovado de reflexão filosófica que visava a livrá-la da condição de discurso que se restringe à tematização insular de seus próprios textos. Sempre fiel a um programa que traçou para si mesmo já em 1931, quando assumira a cadeira de professor de Filosofia da Universidade de Frankfurt, Adorno construirá uma obra capaz de realizar a constatação de que: "plenitude material e concreção dos problemas é algo que a Filosofia só pode alcançar a partir do estado contemporâneo das ciências particulares. Por sua vez, a Filosofia não poderia elevar-se acima das ciências particulares para tomar delas os resultados como algo pronto e meditar sobre eles a uma distância mais segura. Os problemas filosóficos encontram-se contínua e, em certo sentido, indissoluvelmente presentes nas questões mais determinadas das ciências particulares".[1] Essa característica interdisciplinar do pensamento adorniano permitiu que seus leitores desenvolvessem pesquisas em campos distintos de saberes, colaborando com isso para a transformação da Teoria Crítica em base maior para a reflexão sobre a contemporaneidade e seus desafios. Uma transformação que influenciou de maneira decisiva a constituição de tradições de pesquisa no Brasil, a partir sobretudo da década de 1960.

No entanto, o conjunto limitado de traduções das obras de Adorno, assim como a inexistência de uma padronização capaz de fornecer aparatos críticos indispensáveis para textos dessa complexidade, fez que várias facetas e momentos do pensamento adorniano ficassem distantes do público leitor brasileiro. Foi o desejo de suprir tal lacuna que nos levou a organizar esta Coleção.

A Coleção editará os trabalhos mais importantes de Theodor Adorno ainda não publicados em português, assim como algumas novas traduções que se mostraram necessárias tendo em vista padrões atuais de edição de textos acadêmicos. Todos os seus volumes serão submetidos aos mesmos critérios editoriais. Registrarão sempre a página original da edição canônica das *Gesammelte Schriften* e dos *Nachlaß*, indicada por duas barras verticais inclinadas (//) no texto. Serão sempre acompanhados por uma Introdução, escrita por especialistas brasileiros ou estrangeiros. Tal Introdução tem por função contextualizar a importância da obra em questão no interior da experiência intelectual adorniana, atualizar os debates dos quais esta fazia

1 T. W. Adorno, Die Aktualität der Philosophie. In: *Gesammelte Schriften I*. Frankfurt a. M.: Suhrkamp, 1973, p.333-4.

parte, assim como expor os desdobramentos e as influências da referida obra no cenário intelectual do século XX. Ao final, o leitor encontrará sempre um índice onomástico. Em todos os volumes serão inseridas apenas notas de contextualização, evitando-se ao máximo a introdução de notas de comentário e explicação. Trata-se de uma convenção que se impõe devido à recusa em interferir no texto adorniano e em projetar chaves de interpretação.

Há quatro coletâneas exclusivas desta Coleção. Duas seguem a orientação temática das *Gesammelte Schriften*: *Escritos sobre música* e *Escritos sobre sociologia*. Nesses dois casos, os critérios de escolha dos textos foram: importância no interior da obra adorniana ou ineditismo de abordagem (assuntos relevantes, porém pouco abordados em outros textos).

As duas outras coletâneas, *Indústria cultural* e *Escritos de psicologia social e psicanálise* justificam-se em virtude de algumas especificidades da recepção brasileira da obra de Theodor Adorno. Sabemos que um dos públicos mais importantes de leitores universitários de Adorno encontra-se em faculdades de Comunicação e pós-graduações de Estudos de Mídia. Por isso, a edição de uma coletânea com alguns textos fundamentais sobre indústria cultural e cultura de massa visa, sobretudo, a alimentar o debate que ali se desenvolve. Isso também vale para outro importante público-leitor de Adorno no Brasil: os pesquisadores de Psicologia Social e Psicanálise.

Se a dialética pode ser pensada como a capacidade de insuflar vida no pensamento coagulado, então uma abordagem dialética do legado de Adorno não pode abrir mão dessa perspectiva crítica, como já sugeria o Prefácio de 1969 à segunda edição da *Dialética do esclarecimento*, obra escrita em parceria com

Max Horkheimer: "não nos agarramos a tudo o que está dito no livro. Isso seria incompatível com uma teoria que atribui à verdade um núcleo temporal, em vez de opô-la ao movimento histórico como algo de imutável". Pensar o atual teor de verdade do pensamento de Adorno significa, portanto, a dupla tarefa de repensá-lo em face dos dilemas do mundo contemporâneo e refletir sobre o quanto esses dilemas podem ser iluminados sob o prisma de suas obras.

Comissão Editorial

Eduardo Socha
Jorge de Almeida
Ricardo Barbosa
Rodrigo Duarte
Vladimir Safatle

Três estudos sobre Hegel

Aspectos
Conteúdo da experiência
Skoteinos ou Como ler

Para Karl Heinz Haag

249 // Quando chegou o momento de reeditar os "Aspectos da Filosofia Hegeliana", o autor quis acrescentar ao escrito o ensaio sobre o conteúdo de experiência em Hegel, que ele havia publicado nesse meio-tempo. O que o incitou a ir além disso foi a analogia com o ditado *tres homines faciunt collegium*, isto é, três ensaios perfazem um livro, mesmo que curto. Portanto, de acordo com um plano longamente pensado, ele escreveu considerações sobre questões em torno da compreensão de Hegel. Elas remontam ao trabalho no Seminário Filosófico da Universidade de Frankfurt. Por longos anos, Max Horkheimer e o autor se ocuparam ali com Hegel repetidamente; a intenção era partir do desenvolvido em aula. Dada a unidade do pensamento filosófico de ambos os responsáveis pelas interpretações, referências particulares não precisaram ser feitas.

Para evitar decepções, convém sublinhar que "Skoteinos" não se presta propriamente à iluminação, que ainda resta por fazer, dos textos hegelianos principais. O texto formula unicamente reflexões de princípio sobre a tarefa. Quando muito, recomenda como se deveria chegar à compreensão, sem que

se dispense nenhum dos esforços para que se concretize tal reflexão a partir dos textos. Não se trata de uma facilitação da leitura, mas de se evitar que se desperdice o esforço extraordinário que Hegel exige continuamente. Algo que Hegel lembra a respeito da teoria do conhecimento poderia ser aplicado às instruções sobre como ele deveria ser lido: as instruções somente poderiam ter um benefício no curso da execução da interpretação individual. Os limites de uma propedêutica, que o autor deveria impor a si mesmo, assim teriam sido superados. O fato de que ele se deteve ali onde deveria começar deve desculpar algumas das óbvias insuficiências, que o aborrecem.
250 // O objetivo do todo é a preparação de um conceito modificado de dialética.

Frankfurt, verão de 1963.

Aspectos

251 // Uma ocasião cronológica como o centésimo vigésimo quinto ano da morte de Hegel poderia ensejar aquilo que se denomina homenagem. Mas esse conceito, se tem algum valor, tornou-se insuportável. Ele anuncia a pretensão insolente de quem detém a questionável sorte de viver mais tarde, obrigado por sua profissão a ocupar-se daquele sobre quem tem de falar, de destinar soberanamente ao morto seu lugar, colocando-se de algum modo acima dele. Essa arrogância ecoa nas detestáveis perguntas sobre qual o significado de Kant, e agora também de Hegel, para o presente. Foi dessa maneira que o assim chamado "Renascimento de Hegel" começou há meio século, com um livro de Benedetto Croce que visava separar o que era vivo daquilo que estava morto em Hegel. A questão oposta não é sequer levantada, de saber o que o presente significa diante de Hegel; de saber se por acaso nosso conceito de razão, que teria aparecido após a razão absoluta de Hegel, em verdade há muito não regrediu para aquém dela, acomodando-se ao que simplesmente existe. Existência cujo fardo a razão hegeliana quis pôr em movimento, mesmo levando em conta aquilo que

subsiste no existir. Toda homenagem está sujeita ao juízo feito no Prefácio à *Fenomenologia do Espírito*: só estão acima das coisas aqueles que não estão nas coisas. As homenagens não conseguem captar a seriedade e a obrigatoriedade da filosofia de Hegel, exercendo em relação a ela aquilo que Hegel chamou com todo direito e desdenhosamente de "filosofia do ponto de vista". Se não se quer se distanciar dele já na primeira palavra, é preciso enfrentar, mesmo que inadequadamente, a exigência pela verdade de sua filosofia, ao invés de discuti-la meramente a partir de cima e, por conseguinte, a partir de baixo.

Como outros sistemas fechados de pensamento, a filosofia de Hegel experimenta a dúbia vantagem de não permitir
252 nenhum tipo de crítica. Uma // crítica aos detalhes, segundo Hegel, permaneceria parcial, perderia o todo que, justamente, seria capaz de levar essa própria crítica em conta. Mas, de modo inverso, criticar o todo enquanto todo seria abstrato, "não mediado" e deixaria de lado o motivo principal da filosofia de Hegel: que ela não se deixa destilar em nenhuma "máxima", em nenhum princípio universal, e que só se estabelece como totalidade no nexo concreto de todos os seus momentos. Assim, somente honrará Hegel quem perseguir o todo que ele próprio buscou, não se deixando intimidar pela complexidade quase mitológica de seu procedimento crítico que, enquanto totalidade, parece tornar falsa qualquer crítica que conceda ou negue a tal procedimento, complacentemente ou não, os seus méritos.

Hoje em dia, dificilmente um pensamento teórico que não leve em conta a filosofia hegeliana fará justiça à experiência da consciência e, a bem dizer, não apenas da consciência, mas da consciência concreta [*leibhaften*] dos homens. Mas isso não

deve ser esclarecido por meio do *aperçu* trivial de que ele, o idealista absoluto, foi um grande realista, um homem com um rigoroso olhar histórico. As intuições fundamentais de Hegel, que o levaram até a compreensão do caráter irreconciliável das contradições da sociedade civil [*bürgerliche Gesellschaft*], não devem ser separadas da especulação, cujo conceito vulgar, o de um ingrediente inoportuno, nada tem que ver com o conceito hegeliano. Pelo contrário, tais intuições são produzidas pela especulação e perdem sua substância tão logo sejam compreendidas meramente como empíricas. A doutrina programática de Fichte, executada pela primeira vez por Hegel, segundo a qual o *a priori* seria também o *a posteriori*, não é um palavreado vazio, mas o núcleo vital do pensamento de Hegel. Ela inspira a crítica tanto da limitação da empiria quanto do apriorismo estático. Lá onde Hegel compele o material a falar está em ação a ideia da identidade originária entre sujeito e objeto no Espírito. Uma identidade que se separa e posteriormente se reúne. Do contrário, o rico e inesgotável conteúdo do sistema permaneceria ou um mero agregado de fatos, portanto pré-filosófico, ou algo meramente dogmático e sem rigor. Com justiça Richard Kroner opôs-se à tarefa de descrever a história do idealismo alemão como um progresso linear de Schelling a Hegel. Pelo contrário, Hegel se precaveu
253 do momento dogmático da // filosofia da natureza de Schelling retornando ao impulso da teoria do conhecimento fichtiana, e mesmo kantiana. A dinâmica da *Fenomenologia do Espírito* começa como teoria do conhecimento, para então, tal como esboça a introdução, implodir a posição de uma teoria do conhecimento isolada ou, segundo a linguagem de Hegel, abstrata. A abundância do objetivamente experimentado [*des Gegenständlichen*],

que, em Hegel, é tanto interpretado pelo pensamento quanto capaz de alimentá-lo, deve-se não tanto ao seu molde realista, mas antes ao seu método de *anamnesis*, à imersão do Espírito em si mesmo ou, nas palavras de Hegel, ao ir para dentro de si, à autopossessão do Ser. Se se quiser salvar o conteúdo material da filosofia de Hegel, contra a visão de que ela é uma especulação supostamente ultrapassada e arbitrária, erradicando seu idealismo, obter-se-á por um lado um positivismo e, por outro, uma história superficial do Espírito. Aquilo que ele pensou, entretanto, é de uma ordem completamente diferente do estabelecimento de relações gerais, sobre as quais as ciências particulares fechariam os olhos. Seu sistema não é nem uma organização científica generalizante nem um conglomerado de observações geniais. O estudo de sua obra dá por vezes a pensar que o progresso que o Espírito imagina ter feito, desde a morte de Hegel e em oposição a ele, por meio de uma metodologia clara e do respeito invulnerável à empiria, seria uma regressão. Por outro lado, os filósofos que acreditam manter a herança hegeliana na maioria das vezes deixam escapar aquele conteúdo concreto no qual o pensamento de Hegel primeiramente se testou.

Cabe lembrar da teoria da *Gestalt*, que sobretudo Köhler procurou expandir a um tipo de filosofia. Hegel reconheceu a primazia do todo sobre suas partes finitas, que são imperfeitas e, em confrontação com o todo, contraditórias. Mas Hegel nem derivou uma metafísica a partir do princípio abstrato da totalidade, nem glorificou o todo como tal em nome da "boa *Gestalt*". Assim como as partes não são tomadas de maneira autônoma contra o todo, que é o elemento delas, o crítico dos românticos sabe também que o todo apenas se realiza por meio das partes, apenas por meio da separação, da alienação, da reflexão, em

suma, por meio de tudo aquilo que é anátema para a teoria da *Gestalt*. Seu conceito de todo somente *existe* de modo geral
254 como // a quintessência dos momentos parciais, que sempre apontam para além de si mesmos e se produzem uns a partir dos outros, ele não existe como algo para além deles. A isso visa sua categoria da totalidade. Ela é incompatível com toda tendência à harmonia, mesmo que o Hegel tardio tenha nutrido subjetivamente tais inclinações. O pensamento crítico de Hegel ultrapassa de forma semelhante tanto a constatação do descontínuo como o princípio da continuidade; o nexo não é aquele da passagem contínua, mas da mudança brusca, o processo não ocorre na aproximação dos momentos, mas propriamente por meio da ruptura. No entanto, enquanto a teoria moderna da *Gestalt*, em sua interpretação por meio de Max Scheler, volta-se contra o subjetivismo tradicional da teoria do conhecimento, ao interpretar o material dos sentidos como algo já determinado e estruturado, como o caráter de dado dos fenômenos – que toda a tradição kantiana tomou como o caótico e desprovido de qualidades –, Hegel, por outro lado, salientava essa mesma determinidade do objeto com toda ênfase, mas sem idolatrar a certeza sensível, com cuja crítica começa a *Fenomenologia do Espírito*, e tampouco idolatrando a intuição intelectual. Precisamente por meio do idealismo absoluto, que não deixa absolutamente nada permanecer fora do sujeito, estendido para o infinito, mas que arrasta tudo para dentro do circuito da imanência, desaparece a oposição entre a consciência que concede forma e significado e a simples matéria. Toda crítica ulterior ao assim chamado formalismo da teoria do conhecimento e da ética encontra-se explicitamente formulada em Hegel, o que não significa que, com uma sentença, ele salte abruptamente no supostamente

concreto, tal como Schelling antes dele e hoje a ontologia existencial. A expansão ilimitada do sujeito ao Espírito absoluto em Hegel tem por consequência que, como um momento inerente a esse Espírito, não apenas o sujeito, mas também o objeto aparecem de modo substancial e com toda a reivindicação de seu próprio ser. Assim, a tão admirada riqueza material de Hegel é ela própria função do pensamento especulativo. Foi seu pensamento especulativo que o ajudou a falar algo de essencial, não apenas sobre os instrumentos do conhecer, mas sobre seus objetos essenciais, sem suspender, no entanto, a reflexão crítica da consciência sobre si mesma. Na medida em que se pode falar de um realismo em Hegel, ele repousa na marcha de seu
255 // idealismo, e não é heterogêneo a ele. Em Hegel, o idealismo tende a ultrapassar a si mesmo.

Mesmo o ponto idealista mais extremo de seu pensamento, a construção do sujeito-objeto, não deve ser de forma alguma descartado como arrogância do conceito irrestrito. Já em Kant, a ideia de que o mundo bifurcado em sujeito e objeto não é o último mundo, mundo no qual aparecemos por assim dizer como prisioneiros do que nós mesmos constituímos como *phaenomena*, forma uma fonte secreta de força. Hegel adiciona algo de não kantiano a isso: ao aprendermos conceitualmente o obstáculo, os limites que são postos para a subjetividade, ao compreendermos esta última como "mera" subjetividade, estaríamos já para além dos limites. Hegel, que em relação a muitas coisas é um Kant que chegou à consciência de si, é movido pela concepção de que o conhecimento, se quiser existir, deve ser, segundo sua ideia mesma, o conhecimento do todo. Pois todo juízo unilateral indica o absoluto por meio de sua simples forma e não descansa até que ele seja superado [*aufheben*] no ab-

soluto. O idealismo especulativo não despreza temerariamente os limites de possibilidade do conhecimento, mas procura por palavras que expressem a ideia de que uma referência à verdade é inerente a todo conhecimento; que o conhecimento, para que seja tal e não uma simples duplicação do sujeito, deve ser mais do que meramente subjetivo, deve ser uma objetividade igual à razão objetiva de Platão, cuja herança em Hegel se impregna quimicamente com a filosofia transcendental subjetiva. Em termos bem hegelianos – e ao mesmo tempo modificando esses termos de maneira crucial, por meio de uma interpretação que o submete a outras reflexões –, pode-se dizer que, nele, é exatamente a construção do sujeito absoluto que faz justiça àquela objetividade que não se desfaz em subjetividade. De modo paradoxal, historicamente apenas o idealismo absoluto liberta o método que, na Introdução à *Fenomenologia do Espírito*, é designado como a "mera observação" [*das bloße Zusehen*]. Hegel é capaz de pensar a partir da própria coisa, de se entregar por assim dizer de modo passivo ao seu próprio conteúdo, justamente porque a coisa, por força do sistema, é referida à sua identidade com o sujeito absoluto. As próprias coisas falam em uma filosofia que se esforça para provar que ela própria é uma e mesma coisa com elas. Apesar de o Hegel fichtiano acentuar o pensamento da "posição", da produção por meio do
256 Espírito, // apesar de o seu conceito de desenvolvimento ser pensado de modo inteiramente ativo e prático, ele é ao mesmo tempo passivo no seu respeito diante do determinado, cuja compreensão não significa senão a obediência ao seu próprio conceito. Na fenomenologia husserliana, a doutrina da receptividade espontânea desempenha seu papel. Também ela é hegeliana do início ao fim, com a única diferença de que, nele,

essa receptividade não é limitada a um tipo determinado de ato da consciência, mas se desdobra em todos os níveis, tanto da subjetividade quanto da objetividade. Hegel se curva em toda parte à essência própria do objeto, em toda parte o objeto é renovadamente imediato, mas mesmo essa subordinação à disciplina da coisa exige o mais extremo esforço do conceito. A disciplina da coisa triunfa no momento em que as intenções do sujeito se desfazem no objeto. A decomposição estática do conhecimento em sujeito e objeto, tão própria à lógica da ciência hoje tacitamente aceita; aquela teoria residual da verdade, segundo a qual é objetivo o que permanece após a eliminação dos assim chamados fatores subjetivos, é exposta em sua vacuidade pela crítica hegeliana. Por isso o golpe é tão fatal, pois ele não opõe a ela nenhuma unidade irracional de sujeito e objeto, mas preserva os momentos distintos do subjetivo e do objetivo, que sempre foram diferenciados um do outro, e compreende-os novamente como mediados um pelo outro. Que, no campo das chamadas ciências sociais, sobretudo ali onde o objeto é ele próprio mediado pelo "Espírito", a fecundidade do conhecimento não se dê por meio da eliminação do sujeito, mas antes graças a seu mais árduo empenho, por meio de todas as suas inervações e experiências, essa ideia que a autorreflexão está impondo hoje às ciências sociais recalcitrantes deriva da totalidade sistemática de Hegel. Tal ideia confere seu sistema uma superioridade científica em relação à ciência instituída que, enquanto se enfurece contra o sujeito, regride ao registro pré-científico de fatos, realidades e opiniões soltas, ou seja, regride ao subjetivo mais precário e mais acidental. Por mais sem reservas que Hegel se fie à determinidade de seu objeto, na verdade à dinâmica objetiva da sociedade, mais solidamente imune ele está à

257 tentação de aceitar // a fachada de modo não crítico, graças à sua concepção da relação entre sujeito e objeto, que se estende a todo conhecimento dos fatos. Não é em vão que a dialética da essência e da aparência é posta no centro da *Lógica*. É preciso se lembrar disso em uma situação na qual os que administram a dialética em sua versão materialista, o pensamento oficial dos países do Leste, rebaixou a dialética a um arremedo teórico irrefletido. Uma vez despida de seu fermento crítico, ela convém tão bem ao dogmatismo como outrora a imediatez da intuição intelectual de Schelling, contra a qual se voltou a polêmica de Hegel. Hegel fez valer os direitos do criticismo kantiano ao criticar com propriedade o dualismo kantiano entre forma e conteúdo, ao dinamizar as rígidas determinações de diferenças de Kant (e, segundo a interpretação de Hegel, também ainda as de Fichte), sem sacrificar a indissolubilidade dos momentos a uma identidade imediata e unívoca. Para seu idealismo, a razão se torna crítica da razão em um sentido que se volta contra Kant, ou seja, como razão negativa que põe em movimento, e ao mesmo tempo preserva, os seus momentos estáticos. Os polos opostos por Kant uns aos outros, forma e conteúdo, natureza e espírito, teoria e prática, liberdade e necessidade, coisa-em-si e fenômeno, são atravessados [*durchdrungen*] em conjunto pela reflexão, de modo tal que nenhuma dessas determinações subsiste como um termo último. Para poder ser pensado e existir, cada um precisa, de maneira inerente, do outro que Kant lhe opõe. Daí que, para Hegel, mediação nunca significa, como a pintou o mais desastroso desentendimento desde Kierkegaard, um meio entre os extremos, a mediação ocorre através dos extremos e neles mesmos – esse é o aspecto radical de Hegel, que é irreconciliável com todo moderantismo [*Moderantismus*].

Aquilo que a filosofia tradicional espera cristalizar em entidades ontológicas fundamentais, Hegel prova que não são ideias discretamente separadas, mas cada uma delas exige seu oposto, e a relação de todas entre si é o processo. Com isso, entretanto, altera-se o sentido da ontologia de modo tão decisivo que parece inútil aplicá-lo, tal como desejam hoje muitos intérpretes de
258 Hegel, a uma pretensa estrutura fundamental, // cuja essência justamente é não sê-la, não ser o ὑποχείμενον.[1] Da mesma forma como, para Kant, nenhum mundo, nenhum *constitutum* é possível sem as condições subjetivas da razão, sem o *constituens*, a autorreflexão hegeliana do idealismo acrescenta que nenhum *constituens*, nenhuma condição produtiva do Espírito é possível que não seja abstraída de sujeitos efetivos e, por fim, daquilo que não é meramente subjetivo, do "mundo". Devido à resposta insistente que lhe estavam dando, Hegel perdeu a confiança na herança fatal da metafísica tradicional, na busca pelo princípio último ao qual tudo deveria se deixar remeter.

Daí que a dialética, a quintessência da filosofia hegeliana, não possa ser comparada a nenhum princípio ontológico ou metodológico que a caracterize de modo semelhante à doutrina das ideias para Platão em seu período intermediário ou à monadologia para Leibniz. Dialética não significa nem um mero procedimento do Espírito, por meio do qual ele se furta da obrigatoriedade do seu objeto – em Hegel ela produz literalmente o contrário, o confronto permanente do objeto com seu próprio conceito – nem uma visão de mundo [*Weltanschauung*] em cujo esquema se pudesse colocar à força a realidade. Do mesmo modo que a dialética não se presta a uma

1 Aquilo que é posto sob o substrato (em grego, no original). (N. T.)

definição isolada, ela também não fornece nenhuma. Ela é o esforço imperturbável para conjugar a consciência crítica que a razão tem de si mesma com a experiência crítica dos objetos. O conceito científico de verificação possui sua pátria naquele reino ao qual Hegel declarou guerra, de conceitos rigidamente separados, tais como os de teoria e experiência. Mas, caso se quisesse perguntar justamente pela sua própria verificação, então diríamos que a doutrina hegeliana da dialética, rejeitada pela ignorância como uma camisa de força conceitual, foi verificada pela fase mais atual da história, já que permite julgar toda tentativa em se dirigir de acordo com o que é o caso, sem a suposta arbitrariedade das construções dialéticas. Conforme sua própria ideologia, e como um empregado tolerado por interesses mais poderosos, Hitler tentou erradicar o bolchevismo, enquanto sua guerra trouxe a gigantesca sombra do mundo eslavo sobre a Europa, aquele mundo eslavo do qual Hegel já
259 dizia de forma premonitória que // ainda não havia entrado na história. No entanto, Hegel não foi habilitado para isso por meio de um olhar histórico profético, pelo qual ele nutria apenas desprezo, mas por meio daquela força construtiva que penetra inteiramente no que é, sem sacrificar a si mesma como razão, crítica e consciência da possibilidade.

E apesar de tudo: embora a dialética demonstre a impossibilidade da redução do mundo a um polo subjetivo fixo e persiga metodicamente a negação e a produção recíprocas dos momentos objetivo e subjetivo, a filosofia de Hegel, enquanto filosofia do Espírito, permaneceu no idealismo. Apenas a doutrina da identidade entre sujeito e objeto inerente ao idealismo – que, segundo sua simples forma, antecipa-se a privilegiar o sujeito – outorga a ele aquela força da totalidade que permite o trabalho do negativo, a fluidificação dos conceitos particulares, a reflexão do imediato e então novamente a superação [*Aufhebung*] da reflexão. As formulações mais drásticas disso encontram-se na *História da Filosofia* de Hegel. Segundo ela, não apenas a filosofia fichtiana é o acabamento da filosofia kantiana, tal como o próprio Fichte sempre reiterou, mas Hegel chega a dizer que, "para além destas e de Schelling, não há nenhuma filosofia".[2] Como Fichte, ele procurou ultrapassar Kant sem sair do idealismo por meio da dissolução, em uma posição [*Setzung*] do sujeito infinito, do que não é propriamente consciência, ou seja, da realidade como momento dado. Em face da fragilidade abismal do sistema de Kant, Hegel elogiou a maior coerência de seus seguidores, e ainda a acentuou. Não ocorreu a ele que as fissuras do sistema kantiano constituem justamente esse momento de não identidade, que é uma parte indispensável de sua própria concepção de filosofia da identidade. Pelo contrário, ele diz de Fichte:

> Fichte superou essa falha, essa inconsequência kantiana irrefletida, por meio da qual todo o sistema carece de uma unidade especulativa [...]. Sua filosofia é cultivo da forma em si (a razão se sintetiza em si mesma, é síntese do conceito e da realidade) e é particularmente uma exposição mais consequente da filosofia kantiana.[3]

A concordância com Fichte vai mais além:

> 260 A importância e a grande vantagem da filosofia fichtiana // foi ter estabelecido que a filosofia deve ser uma ciência que procede

2 Hegel, WW 19, p.611.

3 Ibidem, p.613.

> a partir de um princípio supremo, do qual são derivadas de modo necessário todas as determinações. Sua grandeza é a unidade do princípio e a tentativa de desenvolver científica e consequentemente todo o conteúdo da consciência a partir desse princípio ou, como se diz, construir a partir daí o mundo todo.[4]

Poucas coisas poderiam testemunhar de modo mais rico do que essas frases a relação em si mesma contraditória de Hegel com o idealismo, cujo píncaro e cujo momento decisivo ele alcançou. Pois a filosofia hegeliana afirma que a verdade – no caso de Hegel, o sistema – não pode ser expressa por meio de um princípio [*Grundsatz*], seja ele um princípio originário [*Urprinzip*], mas é a totalidade dinâmica de todas as proposições que se engendram umas às outras por meio de sua relação contraditória. Isso é exatamente o oposto da tentativa de Fichte de derivar o mundo da identidade pura, do sujeito absoluto, de uma posição originária. Entretanto, o postulado fichtiano do sistema dedutivo vale para Hegel de modo enfático, com a única diferença de que ele atribuiu ao segundo princípio um peso infinitamente maior do que o faz a *Doutrina da Ciência*. Ele não permanece, segundo a linguagem de Hegel, na "forma absoluta" de que Fichte se serve, e que deve incluir em si a realidade. Ao contrário, a própria realidade concreta deve ser construída através da apreensão, pelo pensamento, da oposição entre conteúdo e forma, e do desenvolvimento do conteúdo correspondente a partir da própria forma. Em sua decisão de não tolerar nenhum limite, de eliminar toda partícula de uma determinação de diferença, Hegel literalmente sobrepujou o idealismo

4 Ibidem, p.615.

fichtiano. É exatamente assim que os princípios fichtianos particulares perdem seu significado conclusivo. Hegel reconheceu a insuficiência de um princípio abstrato para além da dialética, a partir do qual tudo deve seguir. Aquilo que já estava em Fichte, mas ainda não tinha sido desenvolvido, se tornará o motor do filosofar. A consequência derivada do princípio nega-o, ao mesmo tempo que destrói sua primazia absoluta. É por isso que Hegel pôde tanto partir, na *Fenomenologia*, do sujeito, apreendendo todos os conteúdos concretos através da contemplação do seu automovimento, quanto, na *Lógica*, fazer o oposto, ou seja, deixar o movimento do pensamento come-
261 çar com o Ser. // Bem compreendida, a escolha do ponto de partida, do eternamente primeiro, é indiferente para a filosofia hegeliana; ela não reconhece um tal princípio primeiro como um princípio seguro, que permanece inalterado em relação a si mesmo na medida em que o pensamento progride. Com isso, Hegel ultrapassa em muito toda metafísica tradicional e o conceito pré-especulativo de idealismo. O idealismo, entretanto, não é abandonado. O rigor e a coerência absoluta da marcha do pensamento que ele, com Fichte, dirige contra Kant, estabelecem de antemão a prioridade do Espírito enquanto tal, mesmo quando o sujeito, em cada nível, se determina exatamente como objeto, assim como o oposto, o objeto como sujeito. Quando o Espírito contemplativo pretende mostrar que tudo aquilo que é, é comensurável com ele, com o *logos*, com as determinações do pensamento, o Espírito se erige em um termo ontológico último, ainda que compreenda com isso a inverdade aqui implicada – aquela do *a priori* abstrato – e se esforce por eliminar essa sua própria tese geral. Na objetividade

da dialética hegeliana, que elimina todo subjetivismo simples, esconde-se algo da vontade do sujeito de saltar por sobre sua própria sombra. O sujeito-objeto hegeliano é sujeito. Isso esclarece a contradição não resolvida referente à exigência do próprio Hegel de uma coerência total, segundo a qual a dialética sujeito-objeto, que não é subordinada a nenhum conceito superior abstrato, perfaz o todo e, entretanto, se realiza por sua vez como a vida do Espírito absoluto. A quintessência do condicionado é o incondicionado. Principalmente aí reside o elemento oscilante, aquilo que se mantém em suspenso na filosofia hegeliana, seu escândalo permanente: o nome do conceito especulativo supremo, inclusive aquele do absoluto, do pura e simplesmente desprendido, é literalmente o nome daquilo que está oscilando. Não se pode atribuir ao escândalo hegeliano nenhuma obscuridade ou confusão; pelo contrário, ele é o preço que Hegel tem de pagar pela coerência absoluta, que se choca com os limites do pensamento coerente, mas sem poder tirá-los de seu caminho. A dialética hegeliana encontra sua verdade última, aquela de sua impossibilidade, no que ela deixa sem solução e naquilo que ela tem de vulnerável, mesmo se a dialética, a teodiceia da consciência-de-si, não veio a ter consciência disso.

262 Mas, com isso, Hegel se expõe à crítica do idealismo: // àquela crítica imanente, que ele exigiu de toda crítica. Ele próprio alcançou seu limiar. Richard Kroner caracteriza a relação de Hegel com Fichte com palavras que, de resto, servem já de certo modo para Fichte:

> Na medida em que é oposto por meio da reflexão a tudo que é outro, o eu não é destacado de tudo que é outro; nessa medida,

ele próprio pertence antes ao que é oposto, ao que é posto, aos conteúdos do pensamento, aos momentos de sua atividade.[5]

A resposta do idealismo alemão a essa visão percepção do caráter condicionado [*Bedingtheit*] do eu, que foi reconquistada com grande esforço pela moderna filosofia da reflexão em seu desenvolvimento atual, é *grosso modo* a distinção fichtiana entre indivíduo e sujeito e, por fim, a distinção kantiana entre o eu como substrato da psicologia empírica e como *Eu penso* transcendental. O sujeito finito, como o denominou Husserl, é um fragmento do mundo. Afetado pela relatividade, ele próprio não pode fundar o absoluto. Ele pressupõe, como o "*constitutum*" kantiano, que é por sua vez constituído, aquilo que deve ser esclarecido pela filosofia transcendental. Em face disso, o *Eu penso*, a identidade pura, vale como pura no sentido kantiano estrito, independente de toda a facticidade espaçotemporal. Apenas assim tudo o que existe se deixa absorver inteiramente em seu conceito. Em Kant, esse passo ainda não tinha sido dado completamente. Assim como, por um lado, as formas categoriais do *Eu penso* necessitam, para tornar possível a verdade e o conhecimento da natureza, de um conteúdo que lhes é dado, e não de um conteúdo que surge delas mesmas, por outro, o próprio *Eu penso* e as formas categoriais de Kant são respeitadas como uma espécie de algo dado. Nessa medida, ao menos a *Crítica da Razão Pura* é mais uma fenomenologia da subjetividade do que um sistema especulativo. No "para nós", que Kant, em sua ingenuidade introspectiva, usa incessantemente de modo

5 Richard Kroner, *Von Kant bis Hegel*, Tubinga, 1924, II, p.279.

irrefletido, reconhece-se a relação das formas categoriais, não apenas no que se refere à sua aplicação, mas também segundo sua origem, com algo existente, a saber, com os homens, que, por sua vez, resultam apenas do jogo mútuo das formas com a matéria sensível. A reflexão de Kant interrompeu-se nesse ponto, e com isso testemunhou a irredutibilidade do factual ao
263 espírito, a inter-relação // dos momentos. Fichte não estava satisfeito com isso. Ele radicalizou implacavelmente a distinção do sujeito transcendental e empírico para além de Kant e, devido a impossibilidade de reconciliar ambos, procurou arrancar o princípio do Eu da facticidade e justificar por meio disso o idealismo naquele absoluto que se tornará o *medium* do sistema hegeliano. O radicalismo de Fichte, com isso, libertou aquilo que em Kant se escondia no lusco-fusco da fenomenologia transcendental, mas fez também aparecer, contra sua vontade, o caráter problemático de seu próprio sujeito absoluto. Isso que todos os idealistas ulteriores e, entre eles, certamente os ontologistas, procuraram muito cuidadosamente evitar denominar, ele chama de uma abstração.[6] Contudo, o "Eu puro" deve condicionar aquilo de que ele é abstraído e aquilo por meio de que ele próprio é condicionado, na medida em que seu próprio conceito não pode ser pensado pura e simplesmente

6 Cf. J. G. Fichte, *Erste Einleitung in die Wissenschaftslehre*, WW (nova edição das *Obras Completas* editadas por J. G. Fichte) I, p.425 e ss., e a *Zweite Einleitung in die Wissenschaftslehre*, idem, p.477 e ss. [Tradução para o português: J. G. Fichte, *Primeira Introdução à Doutrina da Ciência* (1797, integral), p.313 em diante, e *Segunda Introdução à Doutrina da Ciência*", p.337 em diante, in: F. Gil (org.), *Recepção da Crítica da Razão Pura. Antologia de escritos sobre Kant (1786-1844)*. Lisboa: Fundação Calouste Gulbenkian, 1992. (N. T.)]

sem essa abstração. O que resulta da abstração nunca deve ser considerado absolutamente autônomo em relação àquilo de que se separou. Como o abstrato deve permanecer aplicável ao que é a ele subsumido e como o caminho inverso deve ser possível, a qualidade daquilo de que ele é abstraído está, num certo sentido, sempre preservada nele, mesmo que em uma generalidade extrema.

Logo, se a formação do conceito de sujeito transcendental ou de Espírito absoluto se põe completamente para além da consciência individual com a coordenada espaçotemporal da qual ele foi tirado então esse mesmo conceito não pode mais se efetivar. Assim, o sujeito transcendental, que demoliu todo fetiche, se torna ele próprio um fetiche, e foi isso que a filosofia especulativa desde Fichte não percebeu. Fichte hipostasiou o Eu abstraído, e nisso Hegel aderiu a ele. Ambos passaram por cima do fato de que a expressão "Eu", seja de um Eu puro, transcendental ou Eu empírico, imediato, deve designar uma consciência. Dando uma viragem antropológico-materialista à sua polêmica, Schopenhauer já tinha acentuado isso em relação a Kant. A razão pura de Kant, ao menos na filosofia moral,

> não é tomada por uma força de conhecimento do *ser humano* – que é só o que ela é –, *mas hipostasiada como algo que se mantém por si mesmo* sem nenhum direito e para o mais pernicioso exemplo e precedente;
> 264 para prová-lo, nossa atual época filosófica nociva pode servir. // Entrementes, este estabelecimento da moral como não sendo para o homem como ser humano, mas para *todo ser racional*, é um assunto tão caro a Kant e uma representação tão predileta dele, que não se cansa de repeti-la em toda ocasião. Digo, em contrário, que nunca

> se está autorizado a estabelecer um gênero que nos é dado em uma única espécie, em cujo conceito não se poderia compreender nada, a não ser o que se tivesse inferido desta única espécie; logo, o que se dissesse do gênero seria para entender-se como sendo da única espécie. Desde que para construir o gênero se tivesse abstraído sem autorização o que se atribuiria a esta espécie, ter-se-ia talvez suprimido a condição de possibilidade das propriedades restantes, hipostasiadas como gênero.[7]

Mas também em Hegel as expressões mais enfáticas, tais como Espírito e consciência-de-si, são ainda emprestadas da experiência de si mesmo do sujeito finito, e isso não se dá em verdade por mera negligência de estilo. Também Hegel não pode cortar o fio entre o Espírito absoluto e a pessoa empírica. Mesmo que o Eu absoluto fichtiano e hegeliano, enquanto abstração do Eu empírico, possa ainda se separar radicalmente do seu conteúdo particular, caso ele não fosse mais aquilo do qual se abstrai, a saber, o Eu, caso ele se despojasse completamente daquela facticidade contida em seu conceito, então ele não seria mais aquele ser de si mesmo do Espírito, aquela pátria do conhecimento, da qual depende por outro lado particularmente o primado da subjetividade nos grandes sistemas idealistas. Um Eu que não fosse mais um Eu em sentido algum, portanto desprovido de toda relação com a consciência individualizada e com a pessoa espaçotemporal, seria um *nonsense*, não apenas porque ele seria oscilante e assim indeterminado, tal

7 Arthur Schopenhauer, *Sobre o fundamento da moral*. São Paulo: Martins Fontes, 1995, p.34, trad. Maria Lucia Cacciola [*Preisschrift über die Grundlage der Moral. Sämtliche Werke*, hg. von Paul Deussen, Munique, 1912, III, p.601].

como Hegel censurou no conceito inverso, o de Ser, mas também porque ele não poderia mais ser compreendido como Eu, a saber, como um Eu mediado pela consciência. A análise do sujeito absoluto deve reconhecer a indissolubilidade de um momento empírico não idêntico, momento que as doutrinas do sujeito absoluto, os sistemas idealistas da identidade, não podem reconhecer como indissolúvel. Nessa medida, a filosofia de Hegel, segundo o veredicto de seu próprio conceito, é não verdadeira. Mas então de que forma ela é, apesar de tudo, verdadeira?

265 // Para responder a isso é necessário decifrar aquilo que, sem nunca ter se deixado capturar, perpassa toda a filosofia hegeliana: o Espírito. Ele não contrasta absolutamente com um não espiritual, com um material; originalmente, ele não é nenhuma esfera de objetos particulares, aqueles das futuras ciências humanas [*Geisteswissenschaften*]. Antes, ele é irrestrito e absoluto: logo, em Hegel, como herança da razão prática kantiana, ele é explicitamente denominado livre. Mas, segundo a definição da *Enciclopédia*, ele é "essencialmente ativo, produtivo",[8] do mesmo modo que a razão prática kantiana se diferencia essencialmente da teórica ao criar seu "objeto", a ação. O momento kantiano da espontaneidade, que na unidade sintética da apercepção se confunde totalmente com a identidade constitutiva – o conceito do *Eu penso* de Kant era a fórmula da falta de diferenciação entre a espontaneidade criadora e a identidade lógica –, se torna em Hegel total e, nessa totalidade, se torna princípio do Ser assim como do pensamento. Mas, como Hegel não contrapõe à matéria o produzir e o agir como simples atividade subjetiva, e sim procura-os nos objetos determinados, na realidade concreta,

8 Hegel, WW 10, p.305.

ele se aproxima do mistério que se esconde por detrás da apercepção sintética, e que a retira da simples hipóstase arbitrária do conceito abstrato. Tal mistério, entretanto, não é outro que o trabalho social, aquilo que foi reconhecido pela primeira vez nos *Manuscritos econômico-filosóficos* do jovem Marx, descoberto apenas em 1932: "A grandeza da *Fenomenologia* hegeliana e de seu resultado final – a dialética, a negatividade enquanto princípio motor e gerador – [...] é que compreende a essência do *trabalho* e concebe o homem objetivo, verdadeiro porque homem efetivo, como o resultado de seu *próprio trabalho*".[9] O momento da universalidade do sujeito transcendental ativo diante do sujeito meramente empírico, isolado e contingente, não é uma ideia mais absurda do que a validade das sentenças lógicas em face do curso factual dos atos particulares e individuais do pensamento. Essa universalidade é, na verdade, a expressão da essência social do trabalho, cujo sentido é ao mesmo tempo exato e oculto a si mesmo em virtude da tese idealista geral.
266 Pois o trabalho // apenas se torna trabalho como algo para um outro, como algo comensurável com os outros, como algo que transcende a contingência do sujeito eternamente individual. A autoconservação dos sujeitos individuais, já segundo a *Política* de Aristóteles, depende do trabalho de outros em grau não inferior do que a sociedade depende da ação dos indivíduos. A referência do momento produtivo do Espírito a um sujeito universal, em vez de a uma pessoa individual, que trabalha, define o trabalho como algo organizado, social. Sua "racionalidade" própria, a ordenação das funções, é uma relação social.

9 Karl Marx, *Manuscritos econômicos-filosóficos*. São Paulo: Boitempo, 2006, p.123, trad. Jesus Ranieri [*Die Frühschriften*, hg. von Siegfried Landshut, Stuttgart, 1953, p.269].

A tradução do conceito hegeliano de Espírito em trabalho social desencadeia a censura de sociologismo, que confundiria a gênese e o efeito da filosofia hegeliana com seu conteúdo. Hegel era indiscutivelmente um filósofo transcendental analítico, do mesmo modo que Kant. Poder-se-ia mostrar até no detalhe que ele, como crítico de Kant, tentou justificar as intenções deste indo além da *Crítica da Razão Pura*, assim como a *Doutrina da Ciência* de Fichte já havia forçado o conceito kantiano de "puro". As categorias hegelianas, principalmente a de Espírito, caem no domínio do constituinte transcendental. Mas a sociedade, a ligação funcional de pessoas empíricas, seria para Hegel, em termos kantianos, um *constitutum*, um fragmento daquela existência que, na grande *Lógica*[10] – na doutrina do incondicionado absoluto e da existência como o que veio a ser –, é desenvolvida por sua vez fora do absoluto, definido como Espírito. A interpretação do Espírito como sociedade aparece nessa perspectiva como μετάβασις εἰς ἄλλο γένος,[11] irreconciliável com o sentido da filosofia hegeliana pelo simples motivo de ela não satisfazer o preceito da crítica imanente e procurar apreender o conteúdo de verdade [*Wahrheitsgehalt*] da filosofia de Hegel em algo que lhe é exterior, enquanto deriva de sua própria estrutura como algo condicionado ou posto. É claro que uma crítica explícita de Hegel poderia mostrar que ele não foi bem-sucedido nessa dedução. A expressão linguística "existência" [*Existenz*], necessariamente conceitual, é confundida com aquilo que ele designa como o não conceitual, aquilo que não pode ser dissolvido na identidade.[12]

10 Cf. Hegel, WW 4, p.588 e ss.

11 Mudança para um outro gênero (em grego, no original). (N. T.)

12 Cf. para isso a conclusão do texto *Skoteinos*.

O caráter absoluto do Espírito não pode ser mantido por Hegel de forma imanente e sua própria filosofia o testemunha, ao
267 menos na medida em que ela não encontra o absoluto // em nenhum lugar, exceto na totalidade da divisão, na unidade com o seu outro. Mas, de modo inverso, a sociedade não é por seu turno uma simples existência, um simples fato. Apenas para um pensamento exteriormente antitético, abstrato no sentido hegeliano do termo, a relação entre Espírito e sociedade seria aquela lógico-transcendental entre *constituens* e *constitutum*. À sociedade pertence justamente aquilo que Hegel reserva ao Espírito como oposto a todos os momentos empíricos particulares isolados. Esses momentos são mediados pela sociedade, constituídos tal como coisas são constituídas pelo Espírito para um idealista, ou seja, antes daquela presumida influência particular da sociedade sobre os fenômenos. A sociedade manifesta-se nos fenômenos da mesma forma que, em Hegel, a essência neles se manifesta. A sociedade é um conceito tão essencial quanto o de Espírito. Nela, enquanto unidade dos sujeitos que reproduzem por meio de seu trabalho a vida da espécie, o Espírito se torna objetivo, independente de toda reflexão e a despeito das qualidades específicas dos produtos do trabalho e dos trabalhadores. O princípio da equivalência do trabalho social conduz a sociedade, no sentido burguês moderno, ao abstrato e ao mesmo tempo ao que há de mais real, exatamente como Hegel ensina com o enfático conceito de conceito. Por isso, todo passo dado pelo pensamento tropeça na sociedade, e nenhum deles é capaz de apropriar-se dela como tal, como uma coisa entre coisas. O que permite ao Hegel dialético proteger o conceito de Espírito da contaminação do *factum brutum* e, deste modo, sublimar e justificar, através do Espírito, a brutalidade do factual, é propriamente

secundário. A experiência em si mesma inconsciente do trabalho social abstrato se transforma magicamente diante do sujeito que reflete sobre ela. Para ele, o trabalho se torna sua própria forma de reflexão, um ato puro do Espírito, sua unidade produtiva. Pois nada deve existir fora dele. Mas o *factum brutum*, que desaparece na totalidade do conceito de Espírito, retorna nele sob a forma da coerção lógica, a qual o particular [*das einzelne*] não pode evitar, assim como o indivíduo [*der Einzelne*] não pode evitar a *contrainte sociale*.[13] Apenas essa brutalidade da coerção causa a aparência de conciliação produzida na doutrina da identidade.

Já antes de Hegel, as expressões por meio das quais o Espírito é definido nos sistemas idealistas como um produzir originário eram sem exceção derivadas da esfera do trabalho. Outras, porém, não podem ser encontradas nessa esfera porque aquilo
268 que, na síntese transcendental, // relaciona-se propriamente com o trabalho, em seu sentido próprio, não se deixa apreender. A atividade da razão regulada sistematicamente dirige o trabalho para o interior. O peso e a coerção do trabalho dirigido para o exterior se perpetuaram nos esforços reflexivos, modeladores, que o conhecimento direciona para o "objeto", esforços que são novamente necessários para a progressiva dominação da natureza. Já a antiga distinção entre sensibilidade e entendimento indica que, em contraste com o simples dado da sensibilidade, o entendimento faria algo como um obséquio, sem contrapartida: o dado sensível estaria ali como as frutas no campo, enquanto que as operações do entendimento dependeriam do arbítrio; elas poderiam ocorrer ou não, por serem aquilo através do qual os homens formam pela primeira vez algo que os confronta.

13 Contrato social (em francês, no original). (N. T.)

O primado do *logos* sempre foi um fragmento da moral do trabalho. A instância adotada pelo pensamento como tal, independente daquilo que possui como conteúdo, é uma confrontação com a natureza que se tornou habitual e foi internalizada: intervenção, e não simples recepção. Daí que o discurso sobre o pensamento esteja em geral ligado a um discurso sobre algo de material, do qual o pensamento se reconhece como separado, a fim de manuseá-lo tal como o trabalho manuseia sua matéria-prima. Pois esse momento de tensão violenta – reflexo das necessidades da vida –, que caracteriza todo trabalho, está ligado a todo pensamento; o esforço e a tensão do conceito não são metafóricos.

O Hegel da *Fenomenologia* – para quem a consciência do Espírito como atividade viva e sua identidade com o sujeito social real era menos atrofiada do que para o Hegel tardio – reconheceu o Espírito espontâneo como trabalho, se não na teoria, ao menos por força da linguagem. O caminho da consciência natural até a identidade do saber absoluto é ele próprio trabalho. A relação do Espírito com o dado se manifesta segundo o modelo de um processo social, mais precisamente de um processo de trabalho: "O saber, como é inicialmente – ou o *espírito imediato* –, é algo carente-de-espírito: a *consciência sensível*. Para tornar-se saber autêntico, ou produzir o elemento da ciência que é seu conceito puro, o saber tem de se esfalfar através de um longo caminho".[14] Isso não é uma figura de linguagem:
269 se o espírito deve ser real, então seu trabalho // deve ser real.

14 Hegel, WW 2, p.30 [*Fenomenologia do Espírito*. Petrópolis: Vozes, 2003, p.40-1, trad. Paulo Meneses].

O "trabalho do conceito" hegeliano não é uma transcrição aproximativa da atividade do sábio. Enquanto filosofia, não é ocasional que essa atividade tenha sido representada por Hegel continuadamente como passiva, como "espectadora". A função do filósofo é justamente exprimir aquilo que é ativo na própria coisa, aquilo que, enquanto trabalho social, tem uma forma objetiva que confronta os homens mas que, não obstante, permanece como o trabalho dos homens. Diz Hegel numa passagem posterior da *Fenomenologia*:

> "O movimento no qual a consciência inessencial se esforça por atingir esse ser um é também um movimento *tríplice*, conforme a tríplice relação que a consciência terá com seu mais além; 1°. – como *pura consciência*; 2°. – como *essência singular* que se comporta ante a *efetividade* como desejo e trabalho; 3°. – como *consciência* de seu *ser-para-si*".[15]

Os intérpretes de Hegel notaram com justiça que cada um dos momentos principais de sua filosofia, ainda que separados entre si, constituiriam, ao mesmo tempo, também o todo. Mas isso também vale seguramente para o conceito de trabalho enquanto conceito de uma relação com a realidade: pois, na medida em que essa relação é uma relação dialética entre sujeito e objeto, ela é a própria dialética. A ligação central dos conceitos de desejo e de trabalho livra este último da simples analogia com a atividade abstrata do Espírito abstrato. Em seu sentido pleno, o trabalho está na verdade ligado ao desejo, que ele por sua vez nega. O

15 Ibidem, p.171 [*Fenomenologia do Espírito*, trad. cit., p.162-3].

trabalho satisfaz as necessidades dos homens em todos os seus níveis, ajuda em suas dificuldades, reproduz sua vida e exige sacrifícios para isso. Mesmo em sua forma espiritual, o trabalho é também um prolongamento do braço para disponibilizar meios de sobrevivência, o princípio de dominação da natureza que se tornou autônomo, e desse modo alienado de seu autoconhecimento. Mas o idealismo se torna falso na medida em que transforma a totalidade do trabalho em algo existente em-si, quando sublima seu princípio em um princípio metafísico, em um *actus purus* do Espírito, transfigurando tendenciosamente aquilo que é produzido pelos homens, transfigurando tudo o que é contingente e condicionado, inclusive o próprio trabalho, que é o sofrimento dos homens, em algo eterno e certo. Se fosse permitido especular sobre a especulação hegeliana, seria possível presumir no estender-se do Espírito para se tornar totalidade o conhecimento invertido segundo o qual
270 // o Espírito não seria um princípio isolado, uma substância autossuficiente, mas um momento do trabalho social que é separado do trabalho físico. O trabalho físico, no entanto, depende necessariamente daquilo que ele não é: da natureza. O trabalho, assim como sua forma reflexiva, o Espírito, não pode ser representado sem o conceito de natureza, do mesmo modo que a natureza não pode ser representada sem o trabalho. Ambos são distintos, e ao mesmo tempo mediados um pelo outro. A *Crítica ao Programa de Gotha*, de Marx, descreve uma relação escondida nas profundezas da filosofia hegeliana, e o faz de um modo ainda mais preciso por não ser realizado como polêmica contra Hegel. Ao comentar célebre fórmula: "O trabalho é a fonte de toda riqueza e de toda cultura", Marx opõe:

> O trabalho não é a fonte de toda riqueza. A fonte do valor de uso é tanto a natureza (e é nisso que consiste a real riqueza!) como o trabalho, que é propriamente apenas a expressão de uma força da natureza, da força de trabalho do homem. Essa frase encontra-se em qualquer livro infantil e é correta na medida em que implica o fato do trabalho ser realizado com objetos e meios que pertencem à natureza. Mas um programa socialista não pode permitir que tais expressões burguesas silenciem sobre as únicas condições que lhes dão um sentido. E tão logo o homem se relacione desde o início com a natureza – a primeira fonte de qualquer instrumento e de qualquer objeto de trabalho – como proprietário, trate-a como pertencendo a ele, seu trabalho se torna fonte do valor de uso, portanto também da riqueza. Os burgueses têm muito bons motivos para atribuir falsamente ao trabalho uma força de criação sobrenatural; pois do fato de o trabalho depender da natureza, o homem, que não possui nenhuma outra propriedade a não ser sua força de trabalho, deve ser em todos os estados de sociedade e de cultura escravo de outros homens que se fizeram proprietários das condições materiais de trabalho.[16]

Mas é por isso que Hegel não pode, sob nenhuma circunstância, falar de separação entre trabalho físico e espiritual, nem ler o Espírito como um aspecto isolado do trabalho, mas deve, ao contrário, dissolver o trabalho como um momento do Espírito, como se escolhesse como máxima a figura retórica da *pars pro toto*.[17] Apartado daquilo que não é idêntico a ele próprio,

---

16 Karl Marx, *Kritik des Gothaer Programms*, in: Karl Marx und Friedrich Engels, *Ausgewählte Schriften*, Stuttgart, 1953, II, p.11.

17 A parte pelo todo (em latim, no original). (N. T.)

271 o trabalho se torna ideologia. Aqueles // que se apropriam do trabalho alheio atribuem a ele uma dignidade em si, um caráter absoluto e originário, exatamente porque ele é algo para outros. A metafísica do trabalho e a apropriação do trabalho alheio são complementares. Essa relação social dita a não verdade em Hegel, o mascaramento do sujeito como sujeito-objeto, a negação do não idêntico pela totalidade, não importa quanto o não idêntico seja reconhecido na reflexão de cada juízo particular.

Surpreendentemente, à parte o capítulo do senhor e do escravo da *Fenomenologia do Espírito*, a essência do Espírito produtivo hegeliano aparece como trabalho, de maneira mais clara, na doutrina sobre a "religião natural", em cuja terceira etapa o conteúdo espiritual se torna conteúdo religioso pela primeira vez, se torna "produto do trabalho humano":[18]

> Assim, o Espírito aqui se manifesta como o *artesão*, e seu agir, por meio do qual se produz a si mesmo como objeto – embora ainda não tenha captado o pensamento de si –, é um trabalhar instintivo, como as abelhas fabricam seus favos [...]. Os cristais das pirâmides e dos obeliscos [...] são os trabalhos desse artesão da rigorosa forma.[19]

Ao não opor simplesmente o fetichismo à religião como um estágio primitivo ou degenerado, mas como um momento propriamente necessário da formação do espírito religioso e, com isso, no sentido da dialética sujeito-objeto da *Fenomenologia*, do conteúdo religioso em si e, finalmente, do absoluto, Hegel

18 Cf. Kroner, op. cit., II, p.404 e ss.

19 Hegel, WW 2, p.531 [*Fenomenologia do Espírito*, trad. cit., p.470].

integra o trabalho humano em sua forma material concreta nas determinações essenciais do Espírito enquanto absoluto. Seria necessário apenas um mínimo – a lembrança do momento ao mesmo tempo mediado e irredutivelmente natural do trabalho –, e a dialética hegeliana teria feito jus a seu nome.

Com a separação entre trabalho físico e intelectual, os privilegiados reservaram para si o trabalho intelectual, mais fácil apesar de todas as afirmações contrárias. Mas, ao mesmo tempo, o trabalho físico sempre reaparece no processo intelectual, que é uma cópia da ação física mediada pela imaginação. O Espírito não pode se subtrair totalmente de sua relação com a natureza, que ele deseja dominar. Para dominá-la, ele obedece à natureza; mesmo sua orgulhosa soberania é obtida com so-
272 frimento.[20] Mas a metafísica do Espírito, // que faz dele, como trabalho inconsciente de si mesmo, um absoluto, é a afirmação de seu enredamento, a tentativa do Espírito autorreflexivo reinterpretar, como uma benção, a maldição à qual ele obedece, na medida em que a perpetua e, assim, a legitima. É levando em conta a interpretação exageradamente desmesurada do elogio burguês do trabalho que se pode acusar a filosofia hegeliana de ideologia. As características sóbrias e realistas de Hegel encontram abrigo exatamente nesse ponto mais elevado do sistema idealista, na embriaguez do absoluto que se revela ao final da *Fenomenologia*. De igual maneira, mesmo essa identificação ilusória do trabalho com o absoluto tem seu fundamento válido. Assim como o mundo forma um sistema, ele se torna

---

20 Cf. Max Horkheimer e Theodor W. Adorno, *Dialética do esclarecimento*. Rio de Janeiro: Jorge Zahar, 1985, p.37, trad. Guido Antonio de Almeida [*Dialektik der Aufklärung*, Amsterdã, 1947, p.38].

um justamente por meio da universalidade cerrada do trabalho social. Este é na realidade a mediação radical, mediação entre os homens e a natureza, assim como do Espírito consigo mesmo, que não tolera nada que esteja fora dele, e que proíbe a recordação daquilo que lhe seria exterior. Não há nada no mundo que não apareça ao homem pelo trabalho e apenas por meio dele. Mesmo a pura natureza, na medida em que o trabalho não possui nenhum poder sobre ela, é determinada por meio de sua relação, ainda que negativa, com o trabalho. Apenas a autoconsciência disto tudo poderia conduzir a dialética hegeliana para além de si mesma, e é precisamente essa autoconsciência que lhe é recusada: isto significaria pronunciar o nome que a enfeitiçou. Dado que nada é sabido que não tenha passado pelo trabalho, o trabalho se torna, acertada e desacertadamente, absoluto, e a desgraça [*Unheil*] se torna salvação [*Heil*]. É por isso que o todo, que é a parte, ocupa inevitável e forçosamente o lugar da verdade na ciência da consciência fenomenal. Pois a absolutização do trabalho é a absolutização da relação de classes: uma humanidade livre do trabalho seria uma humanidade livre de dominação. O Espírito sabe disso sem ter o direito de saber; eis toda a miséria da filosofia. Mas o passo por meio do qual o trabalho se transforma em princípio metafísico não é outro senão a eliminação subsequente daquele "material", ao qual todo trabalho se sente ligado e que lhe prescreve seus próprios limites, que lhe prende num nível inferior e relativiza sua soberania. Por isso a teoria do conhecimento fez piruetas por tanto tempo, até o dado dar a ilusão de ser ele próprio
273 produzido pelo Espírito. // É preciso escamotear o fato de que também o Espírito situa-se sob a coerção do trabalho, e ele próprio é trabalho. A grande filosofia literalmente transforma,

de modo sub-reptício, a quintessência da coerção em liberdade. A liberdade é refutada, porque a redução do existente ao Espírito não pode se efetuar, porque essa posição epistemológica, tal como o próprio Hegel sabia, deve ser abandonada no caminho de seu próprio desenvolvimento. Mas sua verdade consiste em que não se pode sair de um mundo constituído pelo trabalho para outro que seja imediato. A crítica da identificação do Espírito com o trabalho apenas se torna eficaz na confrontação de seu conceito filosófico com aquilo que ele de fato realiza, e não no recurso a uma positividade transcendente, seja qual for a sua natureza.

O Espírito não realizou isso. Sabe-se que o conceito de sistema, em sua versão hegeliana mais estrita, que não corresponde ao conceito de sistema dedutivo das ciências positivas, quer ser entendido organicamente: os momentos parciais crescem e se interpenetram por força de um todo que seria já inerente a cada um deles. Esse conceito de sistema vai até a absoluta e englobante identidade entre sujeito e objeto, e a verdade do sistema cai com essa identidade. Enquanto reconciliação completa por meio do Espírito no seio do mundo realmente antagônico, a identidade é, entretanto, simples afirmação. A antecipação filosófica da reconciliação é um atentado contra a conciliação real. Ela atribui aquilo que sempre a contradiz a uma existência preguiçosa, ao que é indigno de filosofia. Mas sistema sem falhas e reconciliação realizada não são a mesma coisa; ao contrário, eles são contraditórios. A unidade do sistema repousa sobre a violência irreconciliável. Apenas hoje, cento e cinquenta anos depois, o mundo compreendido pelo sistema hegeliano é revelado literalmente como sistema, nomeada-

mente de uma sociedade radicalmente socializada, e isso de modo diabólico. Um dos méritos mais notáveis da empreitada de Hegel é o fato de ela ter inferido, a partir do conceito, esse caráter sistemático da sociedade, muito antes que ele pudesse impor-se no campo acessível à experiência de Hegel, campo que era ainda este de uma Alemanha deveras atrasada no que se refere ao desenvolvimento social. O mundo unificado por
274 meio da "produção", por meio do trabalho social segundo // relações de troca, depende em todos os seus momentos das condições sociais de sua produção e, neste sentido, realiza o primado do todo sobre as partes. Assim, a impotência desesperada de todo indivíduo serve de verificação para o que há de excessivo no sistema hegeliano de pensamento. O próprio culto da produção não é apenas ideologia do homem que domina a natureza, ilimitadamente ativo. Nele se manifesta o fato da relação universal de troca, na qual tudo o que é é apenas um ser para outro, situar-se sob a dominação daqueles que dispõem da produção social: essa dominação é venerada filosoficamente. Mesmo o ser para outro, o fundamento de justificação oficial para a existência de todas as mercadorias, é apenas secundário para a produção. Mesmo o mundo em que nada existe por si mesmo é ao mesmo tempo o mundo de um produzir deixado a si mesmo, que se esquece de suas determinações humanas. Essa capacidade da produção esquecer a si mesma, o princípio de expansão insaciável e destrutivo da sociedade de troca, espelha-se na metafísica hegeliana. Ela descreve, não por meio de perspectivas históricas mas enquanto determinação essencial, o mundo tal como é na realidade, sem se deixar enganar pela questão da autenticidade.

A sociedade civil é uma totalidade antagônica. Ela sobrevive apenas em e por meio de seus antagonismos, não sendo capaz de resolvê-los. Isso é formulado sem floreios na *Filosofia do Direito*, a mais mal-afamada obra de Hegel, por causa de sua tendência restauradora, de sua apologia pelo *status quo* e do seu culto ao Estado. Precisamente as excentricidades de Hegel, suas passagens provocantes, responsáveis pelo fato de pensadores significativos do mundo ocidental, como Veblen, Dewey e também Santayana, colocarem Hegel junto com o imperialismo alemão e com o fascismo, deveriam ser derivadas da sua consciência do caráter antagônico da totalidade. Por isso não se deve trivializar a idolatria do Estado por Hegel, não se deve tratá-la como simples aberração empírica e como um ingrediente inessencial. Ela é propriamente gerada pela ideia de que as contradições da sociedade civil não podem ser resolvidas por meio de seu mo-
275 vimento próprio. São decisivas // passagens como esta:

> Desse modo, aqui fica claro que, apesar do seu excesso de riqueza, a sociedade civil não é rica o suficiente, isto é, em todas as suas posses particulares, a sociedade civil não possui riqueza suficiente para pagar o tributo ao excesso de miséria e à consequente plebe. [...] Nesta sua dialética, a sociedade civil é impelida a ir além de si mesma, obrigando-se provisoriamente a procurar fora de si, em outros povos inferiores no que se refere aos meios que ela possui em excesso – em geral, na indústria –, os consumidores e, com isso, os meios de subsistência necessários.[21]

21 Hegel, WW 7, p.319 e ss.

O livre jogo de forças da sociedade capitalista, cuja teoria econômica liberal Hegel aceitara, não possui nenhum antídoto para o fato de a pobreza, o "pauperismo", segundo a terminologia de Hegel atualmente em desuso, aumentar com a riqueza social; menos ainda poderia Hegel imaginar uma elevação da produção que faria troça da afirmação de que a sociedade não seria suficientemente rica em mercadorias. O Estado é solicitado desesperadamente como uma instância para além desse jogo de forças. O parágrafo 249 se refere expressamente a essa passagem extremamente audaciosa, que imediatamente o precede. Ele começa assim:

> A previdência policial realiza e mantém acima de tudo o elemento universal contido na particularidade da sociedade civil enquanto ordem exterior e organização destinada a proteger e assegurar as massas, que se alicerçam efetivamente no universal, de fins e interesses particulares. Além disso, como direcionamento supremo, essa previdência policial ainda zela (ver § 246) pelos interesses que estão além dessa sociedade.[22]

Sua função é atenuar aquilo que não pode ser atenuado de outra forma. A filosofia hegeliana do Estado é um ato de violência necessário; é um ato de violência porque suspende a dialética em nome de um princípio que poderia ser criticado a partir da própria crítica hegeliana do abstrato, princípio que, ao menos como Hegel indica, tampouco possui seu lugar para além do jogo de forças social:

---

22 Ibidem, p.322 e ss.

> Os interesses comuns *específicos* que fazem parte da sociedade civil e que se situam fora do universal em si e para si do Estado são administrados pelas corporações das comunas e demais sindica-
> 276 tos e classes e suas autoridades: presidentes, // administradores e semelhantes. Os assuntos de que cuidam são, por um lado, a propriedade privada e os interesses desses domínios particulares e, de acordo com esse aspecto, a sua autoridade repousa na confiança de seus companheiros de causa e cidadãos, mas, por outro lado, esses círculos devem estar subordinados aos interesses superiores do Estado de tal modo que, para a ocupação desses cargos, torna-se preciso uma mistura de eleição geral desses interessados e de confirmação e determinação pela esfera superior.[23]

Mas o ato de violência era necessário porque, do contrário, o princípio dialético teria se estendido para além do que existe e com isso teria negado a tese da identidade absoluta – e ela é absoluta apenas na medida em que é realizada; esse é o núcleo da filosofia hegeliana. Em nenhum outro lugar a filosofia hegeliana aproximou-se tanto da verdade sobre seu próprio substrato – a sociedade – do que lá onde ela se torna um disparate diante dela. Na verdade, a filosofia hegeliana é essencialmente negativa: ela é crítica. Ao estender a filosofia transcendental da *Crítica da Razão Pura*, através da tese da identidade da razão com o que existe, a uma crítica do existente, crítica de toda espécie de positividade, Hegel denuncia o mundo cuja teodiceia forma seu programa, e, ao mesmo tempo, sua totalidade e suas relações como uma rede geral de culpa, onde tudo aquilo que é merece perecer. Mesmo a pretensão errônea de que este

23 Ibidem, p.396.

mundo seria apesar de tudo o mundo bom contém em si a pretensão legítima de que o mundo factual se torne um mundo bom e reconciliado, não meramente na ideia que se opõe a ele, mas também concretamente. Se, em última análise, o sistema de Hegel faz, por meio das suas próprias consequências, a transição até a não verdade [*Unwahrheit*], isso não é apenas um juízo sobre Hegel, como gostaria a autojustificação das ciências positivas, mas muito antes um juízo sobre a realidade. A sarcástica fórmula hegeliana "tanto pior para os fatos" é automaticamente mobilizada contra ele, por expressar cruamente a verdade sobre os fatos. Pois Hegel não apenas reconstruiu esses fatos no pensamento, mas, ao produzi-los pelo pensamento, ele os compreendeu e criticou: a negatividade dos fatos torna-os sempre algo diferente daquilo que eles simplesmente são e afirmam ser. O princípio do devir da realidade, por meio do
277 qual // ela é mais do que sua positividade, ou seja, o motor idealista central de Hegel, é ao mesmo tempo anti-idealista. A crítica do sujeito à realidade é aquilo que o idealismo equipara ao sujeito absoluto, ou seja, a consciência da contradição na própria coisa; tal crítica é a força da teoria, com a qual esta se volta contra si mesma. Se a filosofia de Hegel falha em termos do critério supremo, o seu próprio critério, ela se sustenta ao mesmo tempo por meio disso. A não identidade do antagônico que com ela se depara e que ela procura penosamente reduzir é a não identidade do todo, que não é o verdadeiro, mas é o não verdadeiro, o oposto absoluto da justiça. Mas precisamente essa não identidade adota na realidade a forma da identidade, o caráter omnicompreensivo que não é dominado por nenhum terceiro elemento reconciliador. Essa identidade alienada é a essência da ideologia, da aparência socialmente necessária.

Apenas por meio do tornar-se absoluto, e não ao mitigar-se em absoluto, a contradição poderia se desintegrar e talvez encontrar o caminho para aquela reconciliação que Hegel teve de dissimular, pois sua possibilidade real ainda era oculta para ele. A filosofia de Hegel deseja ser negativa em todos os seus momentos particulares; mas se ela se torna negativa contra sua intenção, também enquanto totalidade, então ela reconhece nisso a negatividade de seu objeto. Ao ressaltar obstinadamente, ao seu final, a não identidade entre sujeito e objeto, entre conceito e coisa, entre ideia e sociedade; ao se dissolver na negatividade absoluta, ela ao mesmo tempo recupera aquilo que prometeu e se torna verdadeiramente idêntica a seu objeto, ao qual ela se ligou. Mas a cessação do movimento, o absoluto, significa ao final também para ele exatamente a vida reconciliada, aquela do impulso apaziguado, que não conhece mais nenhuma carência e nem o trabalho ao qual, não obstante, ela deve sua reconciliação. A verdade de Hegel não tem, portanto, seu lugar fora do sistema, mas sim adere a ele como a não verdade. Pois esta não verdade é exatamente a não verdade do sistema da sociedade, que constitui o substrato de sua filosofia.

A virada objetiva que o idealismo tomou em Hegel; a resti-
278 tuição da metafísica especulativa destruída pelo criticismo; // metafísica que produz novamente conceitos como o de Ser e que gostaria de resgatar a prova ontológica de Deus – tudo isso encorajou a se reclamar Hegel para a ontologia existencial. A interpretação de Heidegger da Introdução da *Fenomenologia* nos *Holzwegen*[24] é a mais conhecida nesse sentido, embora não seja

24 Martin Heidegger, *Caminhos de floresta*. Lisboa: Fundação Calouste Gulbenkian, 2002, trad. Filipa Pedroso, Alexandre Franco de Sá et al.

de modo algum o primeiro testemunho. Dessa reivindicação pode-se aprender aquilo que a ontologia existencial não gosta de ouvir: sua afinidade com o idealismo transcendental, que ela supunha superado por meio do seu *pathos* do Ser. Mas, mesmo se o que entendemos hoje pela "questão do Ser" encontre seu lugar como momento do sistema hegeliano, Hegel nega ao Ser justamente um caráter absoluto, uma prioridade sobre todo pensamento e todo conceito, o que a mais recente ressurreição da metafísica espera assegurar. Por meio da determinação do Ser como um momento negativo da dialética, essencial, refletido e crítico, a teoria hegeliana do Ser se torna incompatível com a teologização contemporânea do Ser. Em nenhum outro lugar sua filosofia é mais atual do que ali onde ela desmonta o conceito de Ser. Já a definição do Ser no começo da *Fenomenologia* diz exatamente o oposto daquilo que hoje se pretende sugerir com essa palavra: "Além disso, a substância viva é o Ser que na verdade é sujeito ou, o que é o mesmo, é em verdade real apenas na medida em que é o movimento de pôr-se a si mesma ou é a mediação do seu ser outro consigo mesma".[25] A diferença entre o Ser [*Sein*] como sujeito e o Ser [*Seyn*] escrito com *y*, que para Hegel ainda era uma diferença de grafia, mas hoje constitui um arcaísmo, é uma distinção que faz toda diferença. Sem tomar a consciência subjetiva como ponto de partida, a *Lógica*, como se sabe, desenvolve as categorias próprias do pensamento umas a partir das outras em sua objetividade, e ao fazê-lo começa com o conceito de Ser. Esse começo, entretanto, não funda uma *prima philosophia*. O Ser de Hegel é o oposto de um Ser originário. Hegel não credita ao conceito de Ser, como um valor primor-

25 WW 2, p.23.

dial, a imediatez, a ilusão de que o Ser é lógica e geneticamente anterior a toda reflexão, a toda divisão entre sujeito e objeto; pelo contrário, ele a erradica. Logo no início da sessão da *Lógica* que tem por título a palavra "Ser", este é definido como o
279 "imediato indeterminado",[26] // e precisamente essa imediatez à qual se agarra a ontologia existencial torna-se, para Hegel, que compreendeu a mediatez de todo imediato, uma objeção à dignidade do Ser. É a negatividade do Ser, pura e simplesmente, que motiva o passo dialético que equipara Ser e nada:

> Em sua imediatez indeterminada ele [o Ser] é apenas igual a si mesmo [...]. Ele é a pura indeterminidade e o vazio. – Não há *nada* a intuir nele, caso seja aqui possível falar de intuir; ou ele é apenas este intuir puro, vazio mesmo. Tampouco é possível pensar algo nele ou ele é igualmente apenas esse pensar vazio. O ser, o imediato indeterminado é de fato o *nada* e nem mais nem menos do que nada.[27]

Mas esse vazio é menos uma qualidade ontológica do Ser do que uma carência do pensamento filosófico que termina no Ser. "Se o *ser* for enunciado como predicado do absoluto", escreve o Hegel mais maduro da *Enciclopédia*, "isso dará a primeira definição deste: *O absoluto é o ser*. Essa definição é (no pensamento) a absolutamente inicial, a mais abstrata e a mais pobre".[28] Última herança da intuição originariamente doadora

26 WW 4, p.87 [*Ciência da Lógica*. São Paulo: Barcarolla, 2011, p.71, trad. Marco Aurélio Werle].

27 Ibidem, p.87 e ss. [*Ciência da Lógica*, trad. cit., p.71].

28 WW 8, p.204 [*Enciclopédia das Ciências Filosóficas em Compêndio*. São Paulo: Loyola, 2005, v.I, p.176, trad. Paulo Meneses].

de Husserl, o conceito de Ser é atualmente celebrado como o que é subtraído de toda reificação, como imediatez absoluta. Hegel o compreendeu como não intuível, não apenas devido a essa indeterminação e vazio, mas enquanto conceito que se esquece que é conceito e que mascara a si mesmo como pura imediatez; de certo modo, como o mais reificado dos conceitos. "Junto ao ser como aquele simples, imediato, a recordação de que é resultado da perfeita abstração, portanto, que já é por isso negatividade abstrata, o nada, é [...] abandonado",[29] escreve ele em uma passagem um pouco mais adiante da *Lógica*. Mas pode-se ler na *Lógica*, em sentenças especificamente apontadas contra Jacobi, que não se encena aqui um jogo sublime de palavras originárias, mas que a crítica ao Ser significa de fato uma crítica àquele suposto uso enfático desse conceito na filosofia:

> Nessa pureza inteiramente abstrata da continuidade, isto é, da indeterminidade e vacuidade do representar, é indiferente nomear essa abstração como sendo espaço ou intuição pura, pensamento
> 280 puro é // tudo a mesma coisa o que o indiano designa como *Brahma*; se ele, imóvel no exterior e igualmente imóvel na sensação, na representação, na fantasia, no desejo etc. por anos a fio apenas olha para a ponta de seu nariz, apenas diz internamente a si mesmo *Om, Om, Om* ou se não diz nada. Essa consciência surda e vazia, apreendida como consciência, é o *ser*.[30]

Hegel ouviu a invocação do Ser em sua rigidez obsessiva como uma matraca contínua da roda de oração. Ele sabia algo

29 WW 4, p.110 [*Ciência da Lógica*, trad. cit., p.90].
30 Ibidem, p.107 [*Ciência da Lógica*, trad. cit., p.87].

que foi deturpado e se perdeu, apesar de todo discurso atual do concreto e apesar da magia do concreto indeterminado que não tem outro conteúdo a não ser sua própria aura: que a filosofia não pode procurar seu objeto nos conceitos universais supremos, que se envergonham então da própria universalidade conceitual, em razão de sua suposta eternidade e atemporalidade. Assim como depois dele apenas o Nietzsche de *O crepúsculo dos ídolos*, Hegel rejeitou a equiparação do conteúdo filosófico e da verdade com as abstrações mais elevadas e situou a verdade naquelas mesmas determinações nas quais a metafísica se sentia muito nobre para sujar as mãos. Em Hegel, o idealismo transcende a si mesmo principalmente nessa intenção, que ele executa magnificamente na estreita relação dos estágios da consciência com estágios histórico-sociais na *Fenomenologia do Espírito*. Aquilo que se pretende hoje em dia elevar-se além da dialética, invocando palavras originárias, como "saga", se torna agora mais do que nunca presa da própria dialética: a abstração, que se infla em algo que existe em si e para si e que ao fazê-lo se afunda em algo pura e simplesmente sem conteúdo, em uma tautologia, em um Ser que nada diz sobre o Ser, e isso repetidamente.

As filosofias contemporâneas do Ser resistem, desde Husserl, ao idealismo. Neste sentido, nelas se exprime o estado irrevogável da consciência histórica: elas registram que aquilo que é não pode ser desenvolvido ou deduzido a partir da imanência meramente subjetiva, a partir da consciência. Mas ao mesmo tempo elas hipostasiaram o resultado supremo da abstração subjetivo-conceitual, o Ser e, com isso, permaneceram, tanto em sua posição na sociedade quanto segundo sua abordagem teórica, prisioneiras do idealismo, sem ter consciência disso. Nada demonstra isso de forma melhor do que as especulações

281 // do arqui-idealista Hegel. Se mesmo os restauradores da ontologia, como já acontecia no escrito do jovem Heidegger sobre uma suposta obra de Duns Scott, sentem-se largamente de acordo com Hegel, especialmente em relação a uma concepção totalizante da metafísica ocidental da qual eles esperam escapar, é porque, em Hegel, uma ponta do idealismo deseja transcender a simples subjetividade, dissipar o círculo ilusório da imanência filosófica. Para aplicar uma expressão de Emil Lask a algo mais geral, também em Hegel o idealismo aponta para além de si mesmo. Mas por trás da concordância formal com o impulso ontológico escondem-se diferenças que, em sua sutileza, mudam tudo. A ideia que, em Hegel, se volta contra o idealismo tradicional não é a do Ser, mas sim a da verdade. "Que a forma do pensar é a forma absoluta e que a verdade nela aparece tal como é em si e para si, é essa a afirmação da filosofia em geral".[31] O caráter absoluto do Espírito, em oposição ao Espírito meramente finito, deve garantir o caráter absoluto da verdade, que se subtrairia a todo opinar, a toda intenção, a todo "fato da consciência" subjetiva – esse é o ápice da filosofia hegeliana. Para Hegel, a verdade não é uma mera relação entre juízo e objeto, não é um predicado do pensamento subjetivo, mas deve se elevar substancialmente para além disso, precisamente como um "em si e para si". Para ele, o saber da verdade não é menos do que o saber do absoluto: esse é o objetivo de sua crítica ao criticismo que limita e separa de modo irreconciliável o ser em si e a subjetividade. Como se vê numa passagem citada por Kroner, esse criticismo teria

31 WW 8, p.91 [*Enciclopédia das Ciências Filosóficas em Compêndio*, trad. cit., v.I, p.83].

> formado uma boa consciência a partir do não saber do eterno e do divino, na medida em que ela [isto é, "a assim chamada filosofia crítica"] garantiu ter comprovado que nada poderia ser sabido do eterno e do divino [...]. Para a superficialidade do saber assim como do caráter, nada foi mais bem-vindo, nada que a compreendesse de tão bom grado do que essa doutrina da ignorância, por meio da qual essa mesma superficialidade e insipidez são apresentadas como excelentes, como objetivo e como resultado de todo esforço intelectual.[32]

Esse tipo de ideia enfática da verdade desmente o subjeti-
282 vismo, // cuja preocupação exagerada em saber se também a verdade seria suficientemente verdadeira culmina na supressão da própria verdade. O conteúdo da consciência que se desdobra em direção à verdade é verdade não apenas para aquele que conhece, mesmo que seja um sujeito transcendental. A ideia da objetividade da verdade fortalece a razão do sujeito: ela deve ser possível para ele, deve ser-lhe suficiente, enquanto que as tentativas atuais de fugir do subjetivismo se ligam à difamação do sujeito. Mas, enquanto é uma ideia da razão, a ideia em Hegel se diferencia da restauração do conceito de Ser absoluto pelo fato de ser em si mesma mediada. Em Hegel, a verdade em si não é o "Ser": precisamente neste se esconde a abstração, o modo de proceder do sujeito que produz seus conceitos de forma nominalista. Na ideia hegeliana da verdade, pelo contrário, o momento subjetivo, aquele do relativismo, é ultrapassado quando toma consciência de si mesmo. O pensamento está contido no que é verdadeiro, embora não seja idêntico a ele;

32 Ibidem, p.35.

"é, portanto, um desconhecer da razão [o que se faz] quando a reflexão é excluída do verdadeiro e não é compreendida como um momento positivo do absoluto".[33] Talvez nada diga mais da essência do pensamento dialético do que o fato da autoconsciência do momento subjetivo da verdade, a reflexão da reflexão, dever reconciliar a injustiça que a subjetividade mutiladora causa à verdade apenas ao supor e ao colocar como verdade aquilo que nunca é inteiramente verdadeiro. Se a dialética idealista se volta contra o idealismo, ela o faz por causa de seu próprio princípio, exatamente porque a tensão de sua exigência idealista é ao mesmo tempo anti-idealista. Do ponto de vista do ser em-si da verdade, assim como do ponto de vista da atividade da consciência, a dialética é um processo: o processo é nomeadamente a própria verdade. Hegel destaca isso numa fórmula atrás da outra: "a verdade é o seu próprio movimento dentro de si mesma; mas aquele método [o matemático] é o conhecer que é exterior à matéria".[34] Esse movimento é desencadeado pelo sujeito pensante: "tudo decorre de entender e exprimir o verdadeiro não como *substância*, mas também, precisamente, como *sujeito*".[35] Mas como a coisa, com a qual lida todo juízo particular, é confrontada com seu con-
283 ceito, e como // todo juízo finito particular se desintegra nesse processo como falso, a atividade subjetiva da reflexão conduz a verdade para além do conceito tradicional da adequação do pensamento ao seu objeto. A verdade não se deixa mais apreender como qualidade dos juízos. Em Hegel, verdade significa,

33 WW 2, p.25 [*Fenomenologia do Espírito*, trad. cit., p.36].
34 Ibidem, p.46 [*Fenomenologia do Espírito*, trad. cit., p.54].
35 Ibidem, p.22 [*Fenomenologia do Espírito*, trad. cit., p.34].

de modo semelhante à definição habitual e não obstante secretamente oposta a ela, "concordância do conceito com sua realidade";[36] ela consiste "na concordância do objeto consigo mesmo, isto é, com seu conceito".[37] Mas porque nenhum juízo finito jamais alcança essa concordância, o conceito de verdade é tirado da lógica predicativa e colocado na dialética como um todo. Como diz Hegel, seria preciso "descartar a opinião de que a verdade precisa ser algo ao simples alcance das mãos".[38] A crítica à separação rígida dos momentos do juízo funde a verdade no processo, na medida em que ela é apreendida apenas como resultado. Tal crítica destrói a ilusão de que a verdade em geral possa ser um adequar-se da consciência a algo de particular que se encontra diante dela:

> O *verdadeiro* e o *falso* pertencem aos pensamentos determinados que, carentes de movimento, valem como essências próprias, as quais, sem ter nada em comum, permanecem isoladas, uma em cima, outra embaixo. Contra tal posição deve-se afirmar que a verdade não é uma moeda cunhada, pronta para ser entregue e embolsada sem mais. Não *há* um falso [...]. Saber algo falsamente significa que o saber está em desigualdade com sua substância. Ora, essa desigualdade é precisamente o diferenciar em geral, é o momento essencial. É dessa diferenciação que provém sua igualdade; e essa igualdade que-veio-a-ser é a verdade. Mas não é a verdade como se a desigualdade fosse jogada fora, como a escória, do metal puro; nem tampouco como o instrumento que se deixa

36 WW 10, p.17.
37 WW 8, p.372.
38 WW 4, p.46.

> de lado quando o vaso está pronto; ao contrário, a desigualdade como o negativo, como o Si, está ainda presente ela mesma no verdadeiro como tal, imediatamente.[39]

Trata-se de uma ruptura com a doutrina da verdade como *adaequatio rei atque cogitationis*,[40] que toda a filosofia repete maquinalmente. Através da dialética, que é um nominalismo consequente que chegou à consciência de si mesmo, nomina-
284 lismo que examina todo e qualquer conceito com a sua coisa // convencendo-o de sua insuficiência, brilha uma ideia platônica da verdade. Essa ideia não é afirmada como imediatamente intuitiva, como evidente, mas é esperada justamente da insistência no trabalho do pensamento, que tradicionalmente se detém com a crítica do platonismo. Também a razão filosófica tem a sua astúcia. A verdade se torna uma ideia objetiva, não redutível de maneira nominalista, somente porque a exigência pela verdade deixa que se critique a pretensão de verdade de todo juízo limitado – e por isso falso – e porque ela nega a *adaequatio* subjetiva por meio da autorreflexão. Portanto, Hegel sempre interpreta o movimento que deve ser a verdade como um "automovimento", motivado tanto pelo objeto referente ao juízo quanto pela síntese realizada pelo pensamento. Que o sujeito não deva se contentar com a mera adequação de seus juízos aos objetos decorre de o juízo não ser uma simples atividade subjetiva, de a própria verdade não ser uma simples qualidade do juízo. Pelo contrário, a verdade sempre

39 WW 2, p.38 e ss. [*Fenomenologia do Espírito*, trad. cit., p.48].
40 Adequação das coisas aos pensamentos (em latim, no original). (N. T.)

se impõe algo que, sem poder ser isolado, não se deixa reduzir ao sujeito, algo que as teorias do conhecimento idealistas tradicionais acreditam autorizadas a negligenciar como um mero "X". A verdade se despoja de sua subjetividade: porque nenhum juízo subjetivo pode ser verdadeiro e porque, apesar disso, todos almejam ser verdadeiros, a verdade transcende a si mesma e se torna um em-si. Mas, como algo que se ultrapassa dessa maneira, que não é nem simplesmente "posta", nem simplesmente "desvelada", a verdade permanece inconciliável com o que a ontologia busca através de seu questionamento. A verdade hegeliana não está nem no tempo, como o era a verdade nominalista, nem acima do tempo, segundo a forma ontológica: o tempo, para Hegel, se torna um momento da própria verdade. Como processo, a verdade é um "percorrer todos os momentos" em oposição a uma "sentença sem contradições" e, como tal, possui um núcleo temporal. Isso liquida aquela hipóstase da abstração e do conceito idêntico a si mesmo, que domina a filosofia tradicional. Se o movimento hegeliano do conceito restaurou num certo sentido o platonismo, então esse platonismo foi ao mesmo tempo curado de sua estaticidade e de sua herança mítica, incorporando em si toda espontaneidade da
285 consciência libertada. // Se, apesar de tudo, Hegel permanece no fim preso à tese da identidade, e com isso ao idealismo, em um momento da história do Espírito em que o conformismo acorrentou o Espírito de uma forma diferente de cem anos atrás, deve-se lembrar à crítica do idealismo, que há muito se tornou moeda corrente e que teve de ser conquistada por sobre a supremacia do idealismo hegeliano, que essa mesma tese da identidade comporta ainda um momento de verdade. Para falar kantianamente, se não houvesse nenhuma semelhança

entre sujeito e objeto, eles permaneceriam, segundo o desejo do positivismo radical, absolutamente opostos um ao outro, sem nenhuma mediação, de modo que não apenas a verdade deixaria de existir, mas também toda razão, todo pensamento em geral. O pensamento que tivesse extirpado completamente seu impulso mimético, o esclarecimento que não tivesse aperfeiçoado a autorreflexão, que forma o conteúdo do sistema hegeliano e define o parentesco entre coisa e pensamento, desembocaria na loucura. O pensamento que, em total oposição à filosofia da identidade, é absolutamente desprovido de relação, o pensamento que retira do objeto toda participação do sujeito, toda "ocupação", todo antropomorfismo, é a consciência do esquizofrênico. Sua objetividade triunfa num narcisismo patológico. O conceito especulativo hegeliano salva a mimese por meio da autoconsciência do Espírito: a verdade não é *adaequatio*, mas afinidade e, no idealismo em declínio, esse retorno da razão à sua essência mimética é revelada por Hegel como seu direito humano.

Poder-se-ia objetar aqui que, ao hipostasiar o Espírito, Hegel, o platônico-realista e o idealista-absoluto, teria sucumbido ao fetichismo conceitual, do mesmo modo que acontece hoje em dia em nome do Ser. Mas um julgamento que invocasse essa semelhança permaneceria ele próprio abstrato. Mesmo que o pensamento abstrato e o Ser abstrato sejam o mesmo, tal como se dá no início da filosofia ocidental em um controvertido verso do poema de Parmênides, o conceito ontológico de Ser tem um valor diferente do conceito hegeliano de razão. Ambas as categorias participam da dinâmica histórica. Houve tentativas, entre elas a de Kroner, de alocar Hegel no grupo dos irraciona-
286 listas, com base em sua crítica à reflexão finita e limitada, // e

é possível evocar expressões de Hegel, nesse sentido como aquela segundo a qual a especulação, ao lado da fé imediata, estaria em oposição à reflexão. Mas, assim como Kant nas três críticas, também Hegel sustenta que a razão é una, que é razão, *ratio*, pensamento. Mesmo o movimento que deve conduzir para além de toda determinação racional finita é uma autocrítica do pensamento: o conceito especulativo não é nem intuição [*Intuition*] nem "intuição categorial" [*kategoriale Anschauung*]. A coerência lógica da tentativa de Hegel de salvar a prova ontológica de Deus contra Kant pode levantar dúvidas. Mas o que o levou a isso não foi uma vontade de obscurecer a razão; pelo contrário, foi a esperança utópica de que o obstáculo dos "limites da possibilidade da experiência" não fosse o último; de que, apesar de tudo, tal como na cena final do *Fausto*, tudo desse certo; de que, em todas as suas fraquezas, limitações e negatividade, o espírito fosse semelhante à verdade, e por isso se prestasse ao conhecimento da verdade. Se, no passado, a arrogância da doutrina hegeliana do Espírito absoluto com razão foi ressaltada, hoje, dado que o idealismo é difamado por todos e principalmente pelos idealistas não assumidos, um salutar corretivo aparece na representação do Espírito em seu caráter absoluto, pois permite a condenação da resignação paralisante da consciência atual, sempre pronta a reforçar, devido às suas próprias fraquezas, a humilhação que lhe é infligida pela violência da existência cega.

> Na assim chamada prova ontológica da existência de Deus, executa-se a mesma passagem direta do conceito absoluto para o Ser, o que, nos tempos modernos, constituiu a profundidade da ideia, mas que, nos tempos contemporâneos, foi considerado como inconcebível. Ora, como a verdade só pode ser a unidade

do conceito e da existência, isso conduziu ao reconhecimento de uma renúncia à verdade.[41]

Se a razão hegeliana se recusa a ser meramente subjetiva e negativa, não cessando de atuar como porta-voz da razão subjetiva que lhe é oposta, e mesmo encontrando com gosto o racional no irracional, é porque Hegel não deseja apenas compelir os recalcitrantes à obediência tornando saborosos para eles o
287 heterônimo e o estranho, // como se fossem objetos da própria razão. Tampouco deseja apenas ensiná-los que é vão opor-se ao que não pode ser mudado. Pelo contrário, Hegel percebeu com extrema profundidade que a destinação do homem em geral apenas pode se realizar passando por aquele elemento estranho, passando pelo poder superior do mundo sobre o sujeito. O homem deve ainda se adequar aos poderes que lhe são inimigos, de certo modo se infiltrar neles. Hegel introduziu na história da filosofia a astúcia da razão para explicar como a razão objetiva consegue chegar à realização da liberdade por meio das paixões cegas e irracionais dos indivíduos históricos. Essa concepção revela algo do núcleo da experiência do pensamento hegeliano. Ela é astuciosa em seu todo; ela conta com a vitória sobre o poder superior do mundo, para o qual ela olha sem ilusões, fazendo com que esse poder superior volte-se contra si próprio até que se reverta em um outro [*bis sie ins Andere umschlägt*]. Na conversa com Goethe, que Eckermann fez chegar até nós, em que ele se expõe como em nenhum outro lugar, Hegel define a dialética como o espírito de contradição organizado. Nisso se sugere exatamente aquele tipo de astúcia,

41 WW 7, p.387 e ss. [*Princípios da Filosofia do Direito*, trad. cit., p.260].

algo como uma grandiosa artimanha camponesa, por tanto tempo ensinada, de se esconder sob os poderosos e se apoiar em suas necessidades até que se possa tomar deles o poder: a dialética do senhor e do escravo da *Fenomenologia* deixa escapar esse segredo. É sabido que Hegel, durante toda sua vida, mesmo como filósofo oficial do Estado prussiano, nunca deixou de falar o dialeto suábio, e as notícias sobre ele reportam sempre de maneira estarrecedora a surpreendente simplicidade desse homem que escrevia de modo excepcionalmente difícil. Ele se manteve imperturbavelmente fiel à sua origem, condição de um Eu forte e de toda elevação de pensamento. Certamente há nisso um resíduo de falsa positividade: Hegel se prende às circunstâncias nas quais se encontra, como que acreditando fortalecer sua dignidade ao anunciar, por meio de gestos ou palavras, que ele é um homem inferior. Mas essa ingenuidade do não ingênuo, que, no sistema, tem sua correspondência na reprodução da imediatez de todas as suas etapas, testemunha novamente a genial astúcia, principalmente diante da censura pérfida e estúpida de ser artificial e exagerado, que tem sido
288 repetida incansavelmente contra // o pensamento dialético. Na ingenuidade do pensamento que se aproxima tanto de seu objeto, como se o tratasse por "tu", o adulto Hegel, segundo as palavras de Horkheimer, preservou um pedaço de sua infância, a coragem para ser fraco lhe insufla o gênio para triunfar ao final de contas sobre o mais árduo.

É claro que, sob este aspecto, a filosofia hegeliana, mais dialética do que ela própria imagina, se vê posta sobre o fio da navalha. Pois, mesmo que se recuse a "renunciar ao conhecimento da verdade", sua tendência à resignação é, não obstante, inegável. Ela gostaria de justificar o real como sendo apesar

de tudo racional, e dispensar a reflexão que a ele se opõe com aquela superioridade que mostra o quão difícil o mundo é, tirando disso a sabedoria segundo a qual ele não pode ser mudado. Se Hegel foi burguês em algum ponto, foi aqui. Mas julgá-lo a esse respeito seria ainda uma atitude subalterna. O elemento mais questionável de sua doutrina, e por isso também o mais divulgado, aquele segundo o qual o real é racional, não era simplesmente apologético. Para ele, a razão se encontra na mesma constelação da liberdade. Liberdade e razão, uma sem a outra, são absurdas. Apenas na medida em que o real deixa transparecer a ideia da liberdade, a autodeterminação real da humanidade, ele pode valer como racional. Escamotear essa herança que Hegel tem do esclarecimento e pretender que sua lógica na verdade nada tem que ver com a disposição racional do mundo é falsificá-lo. Mesmo lá, em seu período tardio, onde Hegel defende o positivo, aquilo que simplesmente é e que ele atacava em sua juventude, há um apelo à razão, que compreende o que existe para além daquilo que existe, entendendo-o a partir da perspectiva da consciência-de-si e da autoemancipação do homem. Da mesma forma que o conceito de razão objetivo não pode ser apartado do idealismo absoluto, ele não pode ser apartado de sua origem subjetiva na razão autoconservadora dos indivíduos. Já na filosofia da história de Kant, a autoconservação se transforma, por força de seu movimento próprio, em objetividade, em "humanidade", em uma sociedade justa. Apenas isso permitiu que Hegel determinasse a razão subjetiva, um momento necessário do espírito absoluto, ao mesmo tempo como o universal. A razão de todo indivíduo particular,
289 com o qual começa o movimento hegeliano do // conceito na dialética da certeza sensível, já é sempre, mesmo que ela não o

saiba, potencialmente a razão da espécie. Isso é verdade também na doutrina dos idealistas, que de resto é falsa, quando esta põe como em-si e como substancial a consciência transcendental, que é abstração da consciência individual, apesar de suas ligações genéticas e lógicas com esta última. O caráter de Janus próprio à filosofia hegeliana revela-se de antemão na categoria do individual. Assim como seu antípoda Schopenhauer, Hegel vê na individuação o momento da ilusão, a obstinação em permanecer aquilo que se é, a proximidade e particularidade do interesse individual, mas ele não desapropria a objetividade ou a essência de sua relação com o indivíduo e com o imediato. O universal é sempre ao mesmo tempo o particular e o particular é sempre ao mesmo tempo o universal. Ao interpretar essa relação, a dialética leva em conta o campo de força social em que todo individual já está socialmente pré-formado e no qual, entretanto, nada se realiza a não ser nos indivíduos e por meio deles. Não mais do que sujeito e objeto, as categorias do particular e do universal, de indivíduo e sociedade, não devem ficar paralisadas, nem o processo que as liga deve ser interpretado como um processo entre dois polos que permanecem idênticos. A participação de ambos os momentos naquilo que eles em verdade são só pode ser realizada na concreção histórica. Mas, se na construção da filosofia hegeliana acentua-se mais fortemente o universal, o substancial diante da precariedade do individual, e finalmente o institucional, isso expressa mais do que a cumplicidade com o curso do mundo, mais do que o consolo barato sobre a precariedade da existência. Enquanto a filosofia de Hegel tira a máxima consequência do subjetivismo burguês, enquanto ela compreende, portanto, o mundo todo, em verdade, como produto do trabalho – se se quiser, como

mercadoria –, ela realiza ao mesmo tempo a crítica mais afiada à subjetividade, muito além da distinção fichtiana entre sujeito e indivíduo. Em Hegel, esse não-eu posto abstratamente em Fichte é desenvolvido concretamente, é submetido à dialética, e isso não apenas de modo geral, mas em toda a determinidade
290 de seu conteúdo, // em vista da limitação do sujeito. Enquanto Heine, que certamente não era o menos inteligente de seus ouvintes, podia ainda compreender a doutrina de Hegel predominantemente como validação da individualidade, esta se encontra tratada em inúmeras camadas do sistema com verdadeiro menosprezo. Isso, entretanto, espelha a ambiguidade da sociedade civil, que em Hegel verdadeiramente chegou à consciência de si ao atingir a individualidade. Para a sociedade civil, o homem aparece como um produtor irrestrito, autônomo, herdeiro do legislador divino e virtualmente onipotente. Mas o indivíduo particular, nessa sociedade um mero agente do processo de produção social e cujas necessidades próprias são por assim dizer apenas remetidas a esse processo, é considerado ao mesmo tempo como completamente impotente e irrelevante. Numa contradição sem solução com o *pathos* do humanismo, Hegel ordena explícita e implicitamente os homens, como executores de um trabalho social necessário, a se submeterem a uma necessidade estranha a eles. Ele incorpora com isso, teoricamente, a antinomia do universal e do particular na sociedade civil. Mas, ao formulá-la cruamente, ele deixa-a mais transparente do que nunca e a critica, mesmo como seu defensor. Dado que a liberdade seria a liberdade dos indivíduos reais particulares, Hegel desdenha sua aparência, o individual que, no meio da não liberdade universal, se comporta como se ele já fosse livre e universal. À confiança hegeliana de

que a razão teórica poderia alcançar seus objetivos junta-se o conhecimento de que a razão apenas pode ter esperança de se realizar, de se tornar realidade racional, quando indica o ponto de apoio por meio do qual é possível erguer o fardo milenar do mito. O fardo é o que simplesmente existe, aquilo que, em última análise, se entrincheira no indivíduo; seu ponto de apoio é a razão, que é o ponto de apoio da própria existência. A apologética hegeliana e sua resignação são a máscara burguesa que a utopia vestiu para evitar ser imediatamente reconhecida e apanhada; para evitar permanecer na impotência.

É sem dúvida em sua posição sobre a moral que se nota, da maneira mais sensível, o quão pouco a filosofia de Hegel é redutível ao conceito de civilidade burguesa. A moral representa
291 um momento da sua crítica à // categoria da individualidade em geral. Ele foi provavelmente o primeiro a expressar, na *Fenomenologia*, que a fratura entre o eu e o mundo passa novamente pelo próprio eu; que ela se prolonga, segundo as palavras de Kroner,[42] interiormente no indivíduo e o divide segundo a racionalidade subjetiva e objetiva de sua vontade e ação. Hegel soube cedo que o próprio indivíduo é tanto algo que funciona socialmente, que é determinado pela "coisa", isto é, por seu trabalho, quanto um ser para si mesmo, com inclinações específicas, interesses e disposições e que ambos esses momentos apontam para direções divergentes. Com isso, entretanto, a ação moral pura, em que o indivíduo se imagina pertencendo totalmente a si mesmo e dando a si sua própria lei, torna-se algo ambíguo, uma autoilusão. Ao reconhecer que aquilo que o homem particular pensa sobre si mesmo é aparência, é

---

42 Cf. Kroner, op. cit., II, p.386.

num sentido mais amplo mera "racionalização", a psicologia analítica moderna acompanhou uma dimensão da especulação hegeliana. Hegel derivou a passagem da autoconsciência moral pura para a hipocrisia – que se tornou em Nietzsche o foco do ataque crítico à filosofia – do seu momento de inverdade objetiva. Formulações tais como aquela da *Fenomenologia* sobre o "coração duro", que insistem na pureza do caráter obrigatório do dever, se inserem historicamente ainda no contexto dos pós-kantianos, por exemplo, na crítica schilleriana ao rigorismo da ética kantiana, embora constituam ao mesmo tempo um prelúdio da doutrina nietzschiana do ressentimento, da moral como "vingança". A frase de Hegel de que não existe realidade moral alguma não é um mero momento de transição para a sua doutrina da eticidade [*Sittlichkeit*] objetiva. Nessa frase transparece já o reconhecimento de que o moral não se conhece de forma alguma a partir de si mesmo, de que a consciência não garante a ação justa e de que o Eu que se retrai em direção a si mesmo para saber aquilo que ele deveria ou não fazer se perde no irracional e na vaidade. Hegel continua perseguindo um impulso do esclarecimento radical. À vida empírica, ele não opõe o bom como um princípio abstrato, como uma ideia que se satisfaria a si mesma, mas ele o liga segundo seu conteúdo próprio à produção de um todo justo – àquilo que, na *Crítica da Razão Prática*, aparece com o nome de humanidade. Com
292 isso, Hegel transcende a separação burguesa // entre o *ethos* como uma determinação que obriga incondicionalmente, mas que vale tão somente para o sujeito, e a objetividade pretensamente empírica da sociedade. Essa é uma das mais grandiosas perspectivas da mediação hegeliana do *a priori* e do *a posteriori*. A agudeza da formulação é surpreendente:

> A designação de um indivíduo como um indivíduo imoral, já que a moralidade em geral é imperfeita, está *em si* excluída; tem, pois, só um fundamento arbitrário. Por isso, o sentido e conteúdo do juízo da experiência é apenas este: que a felicidade em si e para si não deveria caber a certa gente; quer dizer, é a *inveja* que se cobre com o manto da moralidade. Mas a razão pela qual a felicidade, assim chamada, deva ser concedida a outros é a boa amizade, que a eles e a si mesma *concede* e *deseja* essa graça, isto é, essa sorte.[43]

Um bom burguês jamais teria falado desse modo. A glorificação burguesa do que existe é sempre acompanhada da ilusão de que o indivíduo, o puro ser para-si – pois é assim que o sujeito aparece necessariamente para si mesmo na realidade – seria sempre capaz de fazer o bem. Hegel destruiu essa ilusão. Sua crítica à moral é inconciliável com aquela apologética da sociedade que, para manter-se viva em sua própria injustiça, precisa da ideologia moral do individual e de sua renúncia à felicidade.

Uma vez que se olha para além do clichê do Hegel burguês, não se cede mais à sugestão de Schopenhauer e, mais tarde, de Kierkegaard, que despacham a pessoa de Hegel chamando-o de conformista, insignificante e derivando de tudo isso o veredicto contra sua filosofia. Para sua honra, Hegel não foi um pensador existencial no sentido inaugurado por Kierkegaard e hoje degenerado num chavão presunçoso. Como a mais recente versão do culto à personalidade – hoje já gasta – não convém a ele, ela não degrada Hegel ao vê-lo como um professor que ensina confortavelmente, despreocupado com os infortúnios da

43 Hegel, WW 2, p.479 [*Fenomenologia do Espírito*, trad. cit., p.426-7].

humanidade, como Kierkegaard e Schopenhauer o difamaram com tanto êxito para a posteridade. Isso aconteceu depois de este último ter mostrado pessoalmente a Hegel infinitamente menos humanidade e generosidade do que o ancião, que confe-
293 riu a Schopenhauer a *Habilitation*, apesar de ele // ter feito papel de arrogante numa controvérsia absurda com o filósofo, ao se colocar como um investigador sólido e competente no domínio das ciências naturais. A crítica de Hegel superou essa representação da existência e tentou dar conta dela antes que a existência do homem filosofante e sua autenticidade se afirmassem academicamente. Assim como a simples pessoa empírica daquele que pensa permanece aquém do poder e da objetividade do pensamento por ele pensado, seja qual for esse pensamento, também a pretensão de verdade de um pensamento não é a cópia adequada daquele que pensa, nem uma mísera repetição daquilo ele é, independentemente disso. Pelo contrário, essa pretensão se prova naquilo que excede o acanhamento da simples existência e ali onde o indivíduo aliena a si mesmo de modo a atingir finalmente sua meta. Essa alienação é testemunhada pela atitude dolorosa de Hegel, pelo rosto de quem literalmente consumiu a si mesmo até as cinzas. A despretensão burguesa de Hegel serviu aos esforços desmesurados, marcados pela sua própria impossibilidade de pensar o incondicionado – uma impossibilidade que a filosofia de Hegel reflete em si mesma como a própria quintessência da negatividade. Diante disso, o apelo à autenticidade, ao risco e a situações limites é um apelo modesto. Se há verdadeiramente necessidade, na filosofia, do sujeito pensante; se sem aquele elemento, que hoje é manuseado sob o signo mercadológico do existencial, é impossível atingir a objetividade da coisa mesma, então o sujeito não se legitima

ali onde ele se mostra, mas lá onde, graças à disciplina que lhe é imposta pela coisa, ele destrói sua autoposição e se extingue na coisa. Essa é a trajetória de Hegel, que nenhum outro seguiu. Mas, no mesmo instante em que o momento existencial afirma a si mesmo como fundamento da verdade, ele se torna mentira. É também contra essa mentira que se volta o ódio de Hegel, contra aqueles que atribuem o direito de toda verdade à imediatez de sua experiência.

É incomparável a riqueza da experiência de que o pensamento se alimenta em Hegel: ela é posta dentro do próprio pensamento, nunca como simples matéria, como "material" ou como exemplo e prova exterior a ele. O pensamento abstrato é
294 transformado // novamente em algo vivo por meio daquilo que é experimentado, assim como a simples matéria é transformada pelo ímpeto do pensamento. Isso poderia ser demonstrado em cada sentença da *Fenomenologia do Espírito*. Aquilo que se elogia nos artistas, muitas vezes de modo injusto, havia sido de fato concedido a Hegel: sublimação. Ele verdadeiramente tomou a vida em seus reflexos coloridos, em sua repetição no Espírito. Mas não se deve representar a sublimação em Hegel como idêntica à interiorização [*Verinnerlichung*]. Sua doutrina da alienação, assim como a crítica da subjetividade "vã" e cega que existe para si, uma crítica que ele partilha com Goethe e que o impele para além do idealismo, é oposta à interiorização, e a sua própria pessoa não traz nenhuma pista dela. O homem Hegel, assim como o sujeito de sua doutrina, assimilou a ambos no Espírito, sujeito e objeto: a vida de seu espírito é em si novamente a vida completa. Por isso não se deve confundir sua renúncia à vida com a ideologia da renúncia erudita. Como espírito sublimado, sua pessoa ressoa com o exterior e o físico,

assim como o faz a grande música: a filosofia de Hegel sussurra. Assim como em Kierkegaard, seu crítico devoto, poder-se-ia falar aqui de um corpo espiritual. Sua noiva, a baronesa Maria von Tucher, condenou-o pelo fato de ele ter adicionado as seguintes palavras a uma carta que ela havia escrito à irmã dele: "Você vê por meio disso o quão feliz posso ser com ela pelo resto de minha vida, e quão feliz o alcance de tal amor, que eu mal tinha esperanças de encontrar no mundo, está me fazendo agora, na medida em que a felicidade é parte do destino de minha vida".[44] Essas palavras privadas são todo o Hegel antiprivado. Seu pensamento reveste-se posteriormente, no *Zaratustra*, com a forma poética: "Então eu aspiro à felicidade? Eu aspiro à minha obra". Mas a secura quase comercial e a sobriedade às quais se reduz em Hegel o *pathos* extremo conferem uma dignidade ao pensamento que é novamente perdida na medida em que ele se põe a orquestrar seu próprio *pathos* numa fanfarra. A destinação dessa vida liga-se ao conteúdo de sua filosofia. Nenhuma filosofia foi tão profundamente rica, nenhuma filosofia se manteve tão imperturbável no coração da experiência, à qual ele se entregou sem reservas. Mesmo as marcas de suas falhas são moldadas pela própria verdade.

44 Kuno Fischer, *Hegels Leben, Werke und Lehre*, Heidelberg, 1901, I. Teil, p.87.

Conteúdo da experiência

295 // Trataremos aqui de alguns modelos de experiência intelectual, de como eles motivam a filosofia hegeliana, não biográfica ou psicologicamente, mas objetivamente constituindo seu conteúdo de verdade. O conceito de experiência permanecerá provisoriamente em suspenso: somente a exposição poderá concretizá-lo. Ele não visa à "experiência originária" fenomenológica e tampouco, como a interpretação sobre Hegel nos *Holzwege* de Heidegger, a algo ontológico, à "palavra do Ser", ao "Ser do ente".[1] Segundo a doutrina própria de Hegel, nada disso poderia ser extraído do progresso do pensamento. Seu pensamento jamais teria autorizado a pretensão heideggeriana de que o "objeto que, em cada caso, surge à consciência na história da sua formação" não seria "um verdadeiro ou ente qualquer, mas sim a verdade do verdadeiro, o ser do ente, o aparecer do que aparece";[2] ele jamais teria batizado isso de experiência. Pelo contrário, para Hegel, aquilo sobre o que se

1 Martin Heidegger, *Caminhos da floresta*, op. cit., p.209.
2 Ibidem, p.215.

baseia a experiência é a contradição que move uma tal verdade absoluta. Nada é sabido "que não esteja na *experiência*",[3] portanto tampouco aquele Ser para o qual a ontologia existencial desloca o fundamento do que é, daquilo que é experimentado. Em Hegel, Ser e fundamento são "determinações da reflexão", categorias inseparáveis do sujeito, como em Kant. A suposição da experiência como um modo do Ser, como algo pré-subjetivamente "acontecido" ou "iluminado" é simplesmente inconciliável com a concepção hegeliana da experiência como "movimento *dialético*, que a consciência exercita em si mesma, tanto em seu saber como em seu objeto, *enquanto* dele *surge o novo objeto verdadeiro* para a consciência".[4]

Mas o conceito de experiência não se refere também a observações empíricas particulares que seriam processadas sinteticamente na filosofia de Hegel. O tema aqui são os conteú-
296 dos de experiência da filosofia hegeliana // e não os conteúdos de experiência na filosofia hegeliana. O objetivo concerne àquilo que, na Introdução ao *Sistema da Filosofia*, Hegel denomina a "posição do pensamento em relação à objetividade", no caso, a posição de seu próprio pensamento. Procurar-se-á traduzir numa experiência a mais contemporânea possível aquilo que apareceu a Hegel como essencial, aquilo que ele viu no mundo ainda antes das categorias tradicionais da filosofia, inclusive das hegelianas e de sua crítica. Não se trata de entrar em controvérsia com a história intelectual a respeito da prioridade de motivos teológicos ou sociopolíticos na biogra-

3 Hegel, WW 2, p.613 [*Fenomenologia do Espírito*. Petrópolis: Vozes, 2003, p.539, trad. Paulo Meneses].

4 Ibidem, p.78 [*Fenomenologia do Espírito*, trad. cit., p.80].

fia de Hegel. O interesse não está em saber como Hegel chegou subjetivamente a essa ou àquela doutrina, mas, num espírito hegeliano, em compreender a força dos fenômenos objetivos que se refletiram e se sedimentaram em sua filosofia. Também será deixado de lado aquilo que foi canonizado como a realização histórica da filosofia hegeliana, a saber, sua concepção do desenvolvimento do conceito e sua ligação com a metafísica, que permanecera estática desde Platão e Aristóteles. Da mesma forma, serão deixados de lado os aspectos de sua filosofia que foram absorvidos pelas ciências particulares. Perguntar-se-á por aquilo que sua filosofia expressa como filosofia: o que sua substância possui de especial e que não se esgota nos resultados das ciências particulares.

É tempo de voltar a isso. A tradição do idealismo alemão pós-kantiano, aquela que encontrou em Hegel sua forma mais expressiva, acabou se desbotando, e sua terminologia parece, em muitos sentidos, distante de nós. O pensamento de Hegel se mantém no seu conjunto em relação oblíqua com o programa de aceitação imediata do assim chamado dado como base fixa do conhecimento. A partir de Hegel, esse programa se tornou quase indiscutível não apenas no positivismo, mas também em seus opositores autênticos, tais como Bergson e Husserl. Quanto menos a imediatez humana é tolerada pelos mecanismos onipresentes de mediação de trocas, tanto mais fervorosamente uma filosofia complacente afirmará possuir o fundamento das coisas no imediato. Esse espírito triunfou sobre a especulação tanto nas ciências positivas quanto em seus oponentes. Mas não se trata de uma mudança arbitrária de estilo de pensar ou moda filosófica, como gostariam algumas visões estetizantes ou psicologizantes da história da

297 filosofia. Pelo contrário, o idealismo foi esquecido, // ou no mínimo reduzido a um bem cultural, seja por constrangimento ou por necessidade. Por constrangimento na reflexão crítica, por necessidade na tendência evolutiva de uma sociedade que cumpre cada vez menos os prognósticos hegelianos de que ela seria Espírito absoluto, racional. Mesmo os pensamentos outrora firmemente estabelecidos possuem uma história de sua verdade e não uma mera sobrevida; não permanecem em si indiferentes em relação àquilo que lhes sucede. Ora, a filosofia hegeliana, assim como todo pensamento dialético, traz hoje em si o paradoxo de ser ao mesmo tempo antiquada ante a ciência e mais atual do que nunca diante dela. Esse paradoxo deve ser assumido e não mascarado por um "retorno a" ou por uma tentativa de separar alhos e bugalhos no interior da filosofia hegeliana. A consciência atual sobre Hegel ou permanecerá num renascimento acadêmico, que se tornou antiquado há tempos, ou verá em Hegel um conteúdo de verdade cujo momento é o agora. Se alguém não quer preservar sem muita convicção aquilo que em Hegel é celebrado como seu sentido da realidade e jogar fora sua filosofia, não terá outra escolha senão relacionar os momentos de sua filosofia que hoje nos parecem estranhos com aquelas experiências por ela incorporadas, mesmo que elas permaneçam crípticas, e sua verdade velada.

Fazê-lo não significa entregar Hegel ao empirismo, mas manter-se fiel à sua própria filosofia, ao desejo de uma crítica imanente, que é parte central de seu método. Isso porque a filosofia hegeliana pretende ir além tanto da oposição entre racionalismo e empirismo quanto de todas as oposições rígidas da tradição filosófica. Ela pretende, portanto, capturar o Espírito interpretativamente em suas experiências do mundo,

construindo tal experiência por meio do movimento do Espírito. Sua filosofia é interpretada ao pé da letra somente quando se é quase indiferente ao lugar que ocupa na história da filosofia, buscando-se encontrar seu núcleo de experiência, que deveria ser idêntico a seu espírito. O próprio Hegel identificou experiência e dialética naquela passagem da Introdução à *Fenomenologia*,[5] citada também por Heidegger. Pode-se, porém, objetar que categorias e doutrinas individuais foram escolhidas de antemão, não se dando a devida atenção ao sistema comple-
298 tamente elaborado, isto enquanto o sistema // é supostamente decisivo para todo singular contido nele. Mas a própria intenção de Hegel cobre mais uma vez a objeção. O sistema não quer ser pré-concebido abstratamente, não quer ser um esquema que a tudo engloba, e sim o centro de força latente que atua nos momentos singulares. Esses momentos devem se congregar, a partir de si mesmos e por meio de seu movimento e tendência, em um todo que não existe fora de suas determinações particulares. Nada garante que a redução às experiências comprove aquela identidade dos opostos em um todo, que é tanto a pressuposição como o resultado do método hegeliano. Talvez a redução revele-se fatal à exigência da identidade.

Não se pode dissimular a dificuldade específica do começo. Nas escolas que, na tradição de Hume, utilizam enfaticamente o conceito de experiência, o verdadeiro critério da experiência é o caráter da imediatez e, mais precisamente, a imediatez em relação ao sujeito. Experiência deve significar o que existe imediatamente, o que é dado imediatamente, de certo modo purificado do ingrediente do pensamento e que seria por isso

5 Cf. p.258 da edição alemã.

indubitável. Mas a filosofia hegeliana desafia esse conceito da imediatez e com ele o conceito difundido de experiência. "O imediato têm-no os homens muitas vezes como o mais excelente, no mediatizado as pessoas se representam o dependente; mas o conceito tem dois lados: ele é mediação pela superação da mediação, e assim [é] imediatez".[6] Segundo Hegel, não há nada entre o céu e a terra que não seja "mediado", nada que, por conseguinte, mesmo determinado como existência simples, não contenha a reflexão, um momento espiritual: "a imediatez é ela própria essencialmente mediada".[7] Se a filosofia kantiana, que Hegel pressupõe em toda sua polêmica, tenta separar, de um lado, as formas do espírito como constituinte e, de outro, todo conhecimento válido, Hegel, para superar a separação kantiana entre forma e conteúdo, interpreta toda existência ao mesmo tempo como algo espiritual. Entre os achados de sua teoria do conhecimento não é o mais insignificante aquele segundo o qual mesmo os momentos nos quais o conhecimento imagina encontrar um termo último e irredutível são na verdade produtos da abstração e, por conseguinte, do "Espírito". Uma simples ilustração disso são as ditas im-
299 pressões sensíveis, às quais a antiga teoria // do conhecimento reduz todo saber. Elas próprias são simples construções, que não se dão puramente como tais na consciência viva. Exceto nas condições artificiais do laboratório, estranhas ao conhecimento vivo, nenhum vermelho enquanto tal é percebido a partir do qual então seria composta a assim chamada síntese

6 Hegel, WW 9, p.58 [*Enciclopédia das Ciências Filosóficas em Compêndio*. São Paulo: Loyola, 2005, v.II, p.33, trad. Paulo Meneses].

7 WW 15, p.174.

superior. Essas supostas qualidades elementares da imediatez aparecem sempre de antemão como categorialmente formadas, os momentos sensíveis e os categoriais não podem ser separados claramente um do outro em "camadas".

> A empiria não é um mero observar, ouvir, sentir e assim por diante, uma percepção do particular; pelo contrário, trata-se essencialmente de encontrar gêneros, o universal, leis. E na medida em que ela os produz, ela coincide com o fundo do conceito.[8]

Essa visão antipositivista de Hegel só foi aceita pela ciência moderna quando a teoria da *Gestalt* mostrou que o sensível isolado e não qualificado não existia; ao contrário, ele está sempre já estruturado. Mas a teoria da *Gestalt* não abalou a primazia do dado, nem a fé em sua precedência em relação ao ingrediente subjetivo, harmonizando assim o conhecimento. Da mesma forma que, para o positivismo, o dado era imediato, para a teoria da *Gestalt*, sua unidade com a forma é imediata, um tipo de coisa em si interna à imanência da consciência. Que forma e dado, diferenciados pela antiga epistemologia apenas grosseiramente, não sejam inteiramente equivalentes é aceito pela teoria da *Gestalt* apenas como acidental, em distinções tais como entre forma boa e ruim, distinção interna ao conceito anteriormente admitido de forma. Na *Fenomenologia do Espírito*, Hegel tinha ido muito além disso. Ele demoliu a tese da simples imediatez como fundamento do conhecimento e derrubou o conceito empírico de experiência, não glorificando o dado como portador de sentido. É característico de seu método

8 WW 19, p.283.

que ele tenha avaliado a imediatez com seu próprio critério, recusando a ela o direito de ser imediata. Ela não é criticada apenas como algo de atomístico ou mecânico, mas em seu princípio. A imediatez sempre contém algo diferente de si, a saber, a subjetividade, sem a qual ela não seria "dada", e por isto a imediatez ainda não é objetividade. "O princípio da *ex-*
300 *periência* // contém a determinação infinitamente importante de que, para admitir e ter por verdadeiro um conteúdo, o homem mesmo deve estar ali; mais precisamente, [a determinação] de encontrar tal conteúdo em unidade com a certeza de si mesmo, e associado a ela".[9] Com isso, Hegel não sacrifica simplesmente o conceito de imediatez: do contrário, sua própria ideia de experiência perderia seu sentido racional. "A imediatez do saber" não apenas não exclui "a sua mediação, mas são de tal modo unidas que o saber imediato é até mesmo produto e resultado do saber mediatizado".[10] Sem um imediato não se pode falar do mediado, assim como não é possível encontrar um imediato não mediado. Mas, em Hegel, ambos os momentos não são rigidamente contrastados. Eles se produzem e se reproduzem reciprocamente, se renovam em cada etapa e, reconciliados, devem desaparecer apenas na unidade do todo. "Mas a *própria lógica e filosofia inteira* são o *exemplo* do *fato* de um tal conhecer que não prossegue [seu curso] nem em uma imediatez unilateral, nem em uma mediação unilateral".[11] Mas, com isso, a tentativa

9 WW 8, p.50 [*Enciclopédia das Ciências Filosóficas em Compêndio*, trad. cit., v.I, p.46-7].

10 Ibidem, p.172 [*Enciclopédia das Ciências Filosóficas em Compêndio*, trad. cit., v.I, p.146].

11 Ibidem, p.181 [*Enciclopédia das Ciências Filosóficas em Compêndio*, trad. cit., v.I, p.153].

de derivar a filosofia hegeliana da experiência parece condenada pelo veredicto que sua filosofia mesma pronuncia ao elevar o criticismo kantiano ao extremo. A única "experiência" de que se deve tratar em Hegel, e que a ele se relaciona, altera de forma decisiva o conceito usual de experiência.

O mais difícil será apoderar-se do conteúdo da experiência lá onde a filosofia de Hegel se distancia daqueles que elegem a experiência como princípio. Como se sabe, Hegel acentua enfaticamente o momento do não-eu no Espírito. Mas negar que ele seja idealista é prerrogativa dessas artes da interpretação que seguem a máxima "rime comigo ou eu te devoro" [*Reim dich oder ich fress dich*] quando veem a chance de aproveitar a autoridade de um grande nome para fins propagandísticos. Para tanto, seria necessário considerar irrelevante a sentença segundo a qual a verdade seria essencialmente sujeito,[12] o que não deixaria finalmente ao sistema hegeliano nenhuma *differentia specifica*.[13] Antes, é preciso procurar pelo conteúdo da experiência do idealismo hegeliano. Mas isso é algo que ele compartilha com o movimento total dos sistemas pós-kantianos na Alemanha, principalmente com Fichte e Schelling. Talvez devido à tenaz
301 sugestão de Dilthey, // esse período continua a ser lido dentro da perspectiva de pensadores solitários e suas diferenças. Na verdade, nos decênios que vão desde a *Doutrina da Ciência* até a morte de Hegel, o idealismo era menos um movimento estritamente individualizado do que um movimento coletivo: segundo a terminologia de Hegel, era um éter dos pensamentos. Estes não se ligavam exclusivamente nem a um ou a outro

12 Cf. WW 8, § 213, p.423 e ss.

13 Em latim, no original. (N. T.)

sistema, nem eram inteiramente articulados por um único indivíduo. Mesmo após a separação entre Schelling e Hegel, encontram-se em ambos – nas *Idades do Mundo* daquele, na *Fenomenologia* deste – formulações, encadeamentos inteiros de pensamento, cuja autoria não seria mais fácil de identificar do que nos textos de juventude de ambos. Isso deveria, de resto, descartar muitas dificuldades. Esses escritores não operam com conceitos fixos à maneira de uma filosofia posterior que escolheu como modelo justamente aquela ciência contra a qual a geração idealista resistiu. O clima de concordância coletiva permitiu comunicar aquilo que se pensava, mesmo quando a formulação individual ainda não havia alcançado a completa translucidez. Ele pode ter agido inclusive contrariamente às formulações explícitas, destruindo-as como se elas violassem a concordância coletiva ao serem produzidas. O conteúdo da experiência do idealismo de modo algum coincidiu sem mais com suas posições epistemológico-metafísicas. O *pathos* na palavra "Espírito", que ultimamente o torna suspeito de *hybris*, se voltou contra os primeiros sintomas daquele tipo de ciência que desde então tomou o poder em toda parte, inclusive lá onde o Espírito deveria ser seu próprio objeto. É possível rastrear esse impulso em passagens tais como a que segue do *Escrito sobre a diferença* [*entre os sistemas filosóficos de Fichte e de Schelling*]:

> Somente na medida em que a reflexão possui relação com o absoluto ela é razão, e, seu ato, um saber. Mas por meio dessa relação sua obra desaparece e apenas a relação subsiste e é a única realidade do conhecimento; não há por isso nenhuma verdade da reflexão isolada, do pensamento puro que não seja a de seu aniquilamento. Mas é porque o absoluto é produzido para a consciência

pela reflexão no filosofar que ele se torna, assim, uma totalidade objetiva, um todo do saber, uma organização de conhecimentos. Nessa organização, cada parte é ao mesmo tempo o todo; pois ela subsiste como relação com o absoluto. Como parte que admite outras partes fora de si, ela é algo limitado e somente o é por meio das outras; isolada como limitação, ela é defeituosa, e apenas pos-
302 sui sentido // e significado por meio de sua ligação com o todo. Por isso, não se trata de conceitos particulares, para si, conhecimentos particulares que tenham o valor de um saber. É possível que haja uma série de conhecimentos empíricos particulares. Como saber da experiência, eles demonstram sua justificação na experiência, isto é, na identidade de conceito e Ser, de sujeito e objeto. Mas exatamente por isso eles não são um saber científico, porque essa sua justificação repousa apenas em uma identidade relativa e limitada; e nem se legitimam como parte necessária de um todo dos conhecimentos organizados na consciência, nem a identidade absoluta, a relação com o absoluto nelas é conhecida por meio da especulação.[14]

Como crítica da ciência institucionalizada, que é dominante tanto hoje como outrora, o idealismo total de Hegel é atual. Ele é atual quando se coloca contra algo outro, não em si mesmo. Mesmo que cego, o impulso para elevar o Espírito tira sua força da resistência ao saber morto. Resistência a uma consciência reificada que Hegel ao mesmo tempo dissolveu e, em seu aspecto inelutável, salvou do romantismo. A experiência do idealismo alemão pós-kantiano reagiu contra a obtusidade pequeno-burguesa e a satisfação com a compartimentação da

14 WW I, p.54 e ss.

vida e do conhecimento organizado realizadas no interior da divisão do trabalho. Nessa medida, mesmo textos aparentemente secundários, práticos, tais como o *Deduzierte Plan* [*Plano Deduzido*] de Fichte e a *Einleitung ins akademische Studium* [*Introdução ao estudo acadêmico*] de Schelling, possuem um peso filosófico. O termo "infinitude" que, à diferença de Kant, fluía facilmente das penas de todos eles, assume sua coloração específica apenas em relação ao que era para eles a privação produzida pelo finito, pelo obstinado autointeresse e teimosa particularização do conhecimento, no qual o autointeresse se espelha. Desde então, o discurso da totalidade, despojado de seu sentido polêmico, não é senão ideologia anti-intelectualista. No período primevo do idealismo, quando na Alemanha subdesenvolvida a sociedade civil ainda não tinha se formado como um todo, a crítica ao particular possuía outro tipo de dignidade. No campo teórico, idealismo significava a visão de que a soma dos saberes particulares não constituía um todo, que o melhor do conhecimento assim como do potencial hu-
303 mano // escapava por entre as malhas da divisão do trabalho. A frase de Goethe: "Falta apenas a ligação espiritual" extrai disso uma formulação conclusiva. Houve um tempo em que o idealismo foi contra o *famulus* Wagner.[15] Somente quando os semelhantes de Wagner herdaram o idealismo, este se revelou como a particularidade que Hegel já havia visto pelo menos em Fichte. Na sociedade total, a totalidade se tornará mal radical. Juntamente com a necessidade de unificação progressiva, também ressoa em Hegel a necessidade de reconciliação, que

15 Criado doméstico (em latim, no original). Personagem de *Fausto*, de Goethe. (N. T.)

é bloqueada pela totalidade desde que ela alcançou a realidade que Hegel antecipou entusiasticamente no conceito.

Não é preciso o conceito especulativo para compreender o seguinte motivo da crítica da ciência: o que está mais próximo da certeza imediata do sujeito particular não é o fundamento da verdade, não é absolutamente certo nem "imediato". A consciência pessoal do indivíduo, cuja estrutura é analisada pela teoria do conhecimento tradicional, pode ser vista como ilusória. Não apenas seu detentor deve sua existência e a reprodução de sua vida à sociedade. Mas tudo aquilo por meio do que ele se constitui especificamente como cognoscente, ou seja, a universalidade lógica, que domina seu pensamento, é, como o comprovou particularmente a escola de Durkheim, sempre produto da natureza social. O indivíduo que, devido àquilo que lhe deve ser dado imediatamente, considera a si mesmo como o fundamento legítimo da verdade, obedece à cegueira coletiva de uma sociedade que desconhece a si mesma, na medida em que, necessariamente, se põe como individualista. Aquilo que para o indivíduo vale como o primeiro e como o absoluto irrefutável é, até em relação a qualquer dado particular sensível, derivado e secundário. "O indivíduo, tal como ele aparece nesse mundo do cotidiano e do prosaico, não é [...] ativo por meio de sua própria totalidade, e não é compreensível por meio de si mesmo, mas por meio de outro".[16] O ponto de partida da pura imediatez da "coisa que está aqui", aparentemente o mais seguro, não nos conduz para além da contingência da pessoa particular que simplesmente existe, não nos conduz para além do solipsismo. Nas palavras de Schopenhauer, pode-se talvez

16 WW 12, p.207.

curar o solipsismo, mas não refutá-lo; eis o preço da loucura, que aquela cegueira coletiva deve pagar. Um pensamento que concebe o homem particular como *zoon politikon*, bem como
304 as categorias da consciência subjetiva // como sociais, não se ligará por muito tempo a um conceito de experiência que hipostasia o indivíduo, mesmo que involuntariamente. O progresso da experiência em direção à consciência da interdependência entre todos corrige retroativamente seu ponto inicial na experiência meramente individual. Foi isso que a filosofia de Hegel notou. Sua crítica da imediatez dá conta do fato de que aquilo que a consciência ingênua acredita ser imediato e mais próximo é, no plano objetivo, não mais imediato e primeiro que qualquer outro tipo de posse. Hegel destrói a mitologia do elemento primeiro: "Aquilo que primeiramente começa é o imediato, abstrato, universal; aquilo que ainda não progrediu. O mais concreto, mais rico, vem posteriormente; o primeiro é o mais pobre em determinações".[17] Sob o aspecto dessa desmitologização, a filosofia hegeliana torna-se a fórmula de um compromisso amplo com a não ingenuidade; resposta precoce a uma constituição do mundo que tece incessantemente seu próprio véu. "De fato, o pensar é essencialmente a negação de algo imediatamente dado".[18] Tal como seu antípoda Schopenhauer, também Hegel queria rasgar o véu: daí sua polêmica contra a doutrina kantiana da incognoscibilidade da coisa em si.[19] Este é certamente um dos motivos mais profundos de sua filosofia, talvez até escondido dela mesma.

---

17 WW 17, p.69.

18 WW 8, p.57 [*Enciclopédia das Ciências Filosóficas em Compêndio*, trad. cit., v.I, p.52-3].

19 Cf. WW 19, p.606.

A camada do pensamento a que se chega aqui se distingue, como de resto já em Fichte, de Kant e de todo século XVIII por meio de uma nova necessidade de expressão. O pensamento maduro deseja, coisa que ele fez anteriormente apenas de modo inconsciente, escrever a história do Espírito, tornar-se o eco da hora que soou para ele. É antes esta a diferença entre o idealismo alemão, principalmente Hegel, e o esclarecimento, mais do que aquilo que a história oficial da filosofia designa como tal. A incorporação enfática do sujeito concreto e do mundo histórico, a dinamização do filosofar, é mais importante que a autocrítica do esclarecimento. Em Kant, a filosofia teórica tinha aplicado seu cânone às ciências positivas, ao exame de sua validade através da pergunta sobre como o conhecimento científico é possível. Agora, a filosofia se volta, com toda sua armadura de autorreflexão da teoria da ciência, à tarefa de expressar de modo compulsório aquilo que é percebido como
305 central na realidade, // mas que escapa à rede das ciências particulares. É isso e não uma riqueza maior em material que motiva essa importância do conteúdo para o filosofar, esse clima moderno de Hegel comparado a Kant e agora também a Fichte. Mas Hegel conduziu a filosofia a um tratamento consequente e refletido das experiências do real não por meio de um pensamento irrefletido e espontâneo, seja na direção do ingênuo-realista ou à maneira daquilo que é vulgarmente chamado de especulação desenfreada. Pelo contrário, ele a conduziu à compreensão dos conteúdos essenciais por meio da autorreflexão crítica justamente da filosofia crítica esclarecida e do método da ciência, em vez de se contentar com o exame propedêutico das possibilidades epistemológicas. Formado na ciência e com a ajuda de seus meios, ele transpôs os limites de uma ciência

que apenas constata e ordena, que visa apenas o processamento de materiais, ciência que predominou antes dele e novamente depois dele, quando o pensamento perdeu a tensão desmesurada de sua autorreflexão. Sua filosofia é ao mesmo tempo uma filosofia da razão e uma filosofia antipositivista. Ela se opõe à mera teoria do conhecimento ao mostrar que as formas que, segundo esta última, constituem o conhecimento dependem tanto do conteúdo do conhecimento como o inverso: "Mas não há em geral nenhuma matéria sem forma e nenhuma forma sem matéria. – A matéria e a forma produzem-se reciprocamente".[20] Para demonstrá-lo, ela própria se serve, apesar de tudo, da mais consequente teoria do conhecimento. Se esta última, como doutrina da contingência e impenetrabilidade do conteúdo e da inevitabilidade das formas, cavou um abismo entre forma e conteúdo, Hegel eleva a teoria do conhecimento até a evidência de que não é sua função cavar abismos. A consciência que põe limites transcende necessariamente, com seu ato de pôr, o limitado. É canônica para Hegel a frase de Goethe segundo a qual tudo o que é perfeito em espécie aponta para além de sua espécie, e ele tem muito mais em comum com Goethe do que permitem imaginar a diferença superficial entre a doutrina do fenômeno originário e a doutrina do absoluto que se move por si mesmo.

Kant "ancorou" a filosofia nos juízos sintéticos *a priori*. Neles se concentrou de certo modo o restante da antiga metafísica
306 após a crítica da razão. // Mas os juízos sintéticos *a priori* são marcados por uma profunda contradição. Se fossem *a priori* no sentido kantiano estrito, eles não teriam nenhum conteúdo,

20 WW 3, p.125.

seriam formas vazias, sentenças lógicas puras, tautologias, nas quais o conhecimento não acrescentaria nada de novo, nada de diferente. Mas se eles são sintéticos, constituindo conhecimentos de verdade, e não uma mera autoduplicação do sujeito, então eles precisam daquele conteúdo que Kant queria banir como contingente e meramente empírico. Devido a essa ruptura radical, torna-se um enigma o modo como forma e conteúdo encontram-se, como se adéquam um ao outro, como se constitui o conhecimento cuja validade Kant gostaria de justificar. Hegel responde a isso afirmando que forma e conteúdo são essencialmente mediados um pelo outro. Mas isso significa que uma mera doutrina formal do conhecimento, tal como esboçada nessa teoria do conhecimento, suprime a si mesma, isto é, não é possível. A filosofia, para alcançar aquela necessidade a que visa a teoria do conhecimento, deve explodir esta última. Um filosofar focado no conteúdo, que se esforça para reunir as experiências segundo sua necessidade e coerência, é realizado exatamente através da autorreflexão do filosofar formal, que tinha rejeitado e proibido o filosofar focado no conteúdo como meramente dogmático. Com essa transição para o conteúdo, a separação do *a priori* e da empiria, sustentada em toda a tradição platônico-aristotélica até Kant, e questionada pela primeira vez por Fichte, é abolida: "O empírico, compreendido em sua síntese, é o conceito especulativo".[21] A filosofia adquire o direito e aceita o dever de recorrer, como algo essencial e não meramente contingente, aos momentos materiais, ao processo real da vida de pessoas socializadas. A metafísica falsamente ressuscitada de hoje em dia, que reprova

21 WW 18, p.341.

isso como um afundar na mera facticidade e pretende proteger o ser do ente contra o ente, regride no crucial para aquém de Hegel, não importa o quanto essa metafísica considera a si própria erroneamente como sendo mais avançada em relação a esse idealismo. Devido ao seu idealismo, Hegel foi acusado de ser abstrato em comparação com a concreção das escolas fenomenológicas, antropológicas e ontológicas. Mas ele trouxe consigo infinitamente mais concretude aos pensamentos filo-
307 sóficos do que essas linhas de pensamento, // e não porque o sentido de realidade e o olhar histórico teriam mantido o equilíbrio de sua fantasia especulativa, mas sim devido ao ponto de partida de sua filosofia; poder-se-ia dizer, justamente por causa do próprio caráter de experiência da especulação. Hegel exigia da filosofia que ela estivesse de acordo com o fato de seu conteúdo "ser a *efetividade*. Chamamos *experiência* a consciência mais próxima desse conteúdo".[22] Ela não quer se deixar intimidar, abrir mão da esperança de apreender aquele todo da realidade, assim como o conteúdo que a instituição científica lhe obstrui em nome de resultados seguros e inatacáveis. Hegel sentiu o caráter regressivo e tirânico da humildade kantiana, insurgindo-se contra a conhecida sentença com a qual o esclarecimento de Kant se aproxima do obscurantismo:

> Portanto, tive que suprimir (*aufheben*) o saber para obter lugar para a *fé*, e o dogmatismo da Metafísica, isto é, o preconceito de progredir nela sem Crítica da razão pura, é a verdadeira fonte

---

22 WW 8, p.47 [*Enciclopédia das Ciências Filosóficas em Compêndio*, trad. cit., v.I, p.44].

de toda a sempre muito dogmática incredulidade antagonizando a moralidade.[23]

A antítese de Hegel a isso é a seguinte: "A essência fechada do universo não possui nenhuma força em si que pudesse fornecer resistência à coragem do conhecimento, ela deve se abrir diante dele e tornar claras sua riqueza e suas profundezas e oferecê-las ao seu prazer".[24] Nessas formulações, o *pathos* baconiano do início da era burguesa se torna aquele da humanidade emancipada; como se pudéssemos ainda realizá-lo. Em relação à resignação da era presente, esse impulso funda a verdadeira atualidade de Hegel. O extremo do idealismo, o critério pelo qual o primeiro Hegel, assim como Hölderlin, condenou o espírito obrigado à utilidade e, nesse sentido, infiel a si mesmo, tem suas implicações materialistas. Elas desaparecem quando esse idealismo extremo pactua com aquilo que, posteriormente, se chamou de realismo; quando o Espírito se adapta, e ele sabia com muitas evidências que só poderia se realizar adaptando-se. Hegel se aproxima do materialismo social quanto mais ele impulsiona o idealismo para o campo da teoria do conhecimento, quanto mais ele insiste, contra Kant,
308 em compreender os objetos a partir do interior. A confiança // que o Espírito possui de ser ele próprio o mundo "em si" não é apenas a ilusão limitada de sua onipotência. Ela se alimenta da experiência de que nada existe pura e simplesmente fora do

23 Immanuel Kant, *Crítica da razão pura*. São Paulo: Abril Cultural, 1983, p.17 (B 30), trad. Valerio Rohden [*Kritik der reinen Vernunft*. Prefácio da segunda edição, citado segundo a edição Insel, 1922, p.24].

24 Hegel, WW 8, p.36.

que foi produzido pelo homem, de que nada é pura e simplesmente independente do trabalho social. Mesmo a natureza aparentemente intocada pelo trabalho determina-se como tal pelo trabalho e nessa medida é mediada por ele. Tais relações são evidentes, por exemplo, no problema dos chamados espaços não capitalistas que, segundo a teoria do imperialismo, são uma função dos espaços capitalistas: estes precisam daqueles para a valorização do capital. A exigência leibniziana de uma construção do mundo a partir de seu princípio interior, que Kant rejeitou como metafísica dogmática, retorna em Hegel como seu oposto. O existente se aproxima do produto do trabalho sem que o momento natural desapareça nele. Se na totalidade, como em Hegel, tudo desemboca no sujeito como Espírito absoluto, então o idealismo supera a si mesmo na medida em que nenhuma diferença determinada sobrevive, a qual permitiria compreender o sujeito como algo distinto enquanto sujeito. Uma vez que o objeto se torna sujeito no absoluto, o objeto não é mais inferior em relação ao sujeito. No extremo, a identidade se torna agente do não idêntico. Por mais intransponíveis que tenham sido, na filosofia de Hegel, os limites que impedem de tornar manifesto esse passo, tanto mais crucial este último permanece para o seu próprio conteúdo. O hegelianismo de esquerda não foi um desenvolvimento da história do espírito que avançou além de Hegel e o distorceu por meio de desentendimentos, mas sim, fiel à dialética, foi um fragmento da autoconsciência de sua filosofia, que precisava refutar a si mesma para permanecer filosofia.

Por isso, mesmo o fermento idealista de Hegel não deve ser descartado apressadamente como arrogância. Ele tira sua força daquilo que o chamado entendimento pré-científico percebe

na ciência, algo que a ciência, já demasiado satisfeita consigo mesma, desconsidera. Para poder operar com conceitos limpos e claros, dos quais ela se vangloria, a ciência os estabelece sem levar em conta como a vida da coisa designada não se exaure na sua fixação pelo conceito. O que fornece o cânone do idealismo hegeliano é a resistência, mostrada por um Espírito ainda não amestrado pela ciência, às determinações conceituais práticas,
309 // às meras definições verbais. Tal cânone vem da necessidade de apreender, como o próprio termo alemão *Begriff* designa,[25] o que a coisa propriamente é, como ela contém momentos essenciais e de forma alguma concordantes uns com os outros, não utilizando conceitos como etiquetas. Esse idealismo, acusado de arrogância irrefletida, pretende abarcar completamente a coisa com seu conceito, pois coisa e conceito seriam, no fim, o mesmo. Superficialmente, pode parecer que em nenhum outro lugar a filosofia hegeliana se afasta tanto do conceito pré-dialético de experiência quanto aqui: o que ocorre ao Espírito é atribuído ao Espírito, ao invés de ele simplesmente o organizar, pois, afinal de contas, o que ocorre não seria outra coisa que Espírito. Mas mesmo esse ponto extremo antiempirista da filosofia hegeliana não é vazio. Ela almeja atingir a diferença entre a coisa mesma, entre o objeto do conhecimento, e sua mera cópia científica, com a qual a ciência autocrítica não pode se contentar. Mas o conceito decididamente não pode escapar à sua própria natureza arbitrária, que abstrai, classifica e delimita. As tentativas nesse sentido – que foram outrora de Schelling – eram odiosas para Hegel, e com razão. Elas traíam aquilo que lhe era mais caro, a saber, o sonho da

25 *Begriff*: conceito, "o que foi aprendido"; *greifen*: apreender. (N. T.)

verdade da própria coisa, ao invés de uma intuição intelectual que não está acima do conceito, mas sob ele, usurpando sua objetividade ao recair na subjetividade da mera opinião. Nada é mais sensível ao pensamento filosófico que aquilo que lhe está muito próximo e que lhe compromete na medida em que esconde a diferença na nuance imperceptível. Por isso, Hegel ensinou que as significações dos conceitos devem ser mantidas *more cientifico* para que estes permaneçam verdadeiramente conceitos, e ao mesmo tempo devem ser modificadas segundo as leis dos objetos, "movidas", para não os desfigurarem. Cabe à dialética o desdobramento desse postulado, que, sem tal desdobramento, seria simplesmente paradoxal. Dialética não significa, contrariamente ao que ela se tornou na caricatura e na petrificação dogmática, a prontidão para substituir o significado de um conceito por um outro obtido ilicitamente; ela não significa, como se atribui à Lógica hegeliana, a anulação do princípio de contradição. Antes, a própria contradição,
310 aquela // entre o conceito fixo e o conceito móvel, torna-se o agente do filosofar. Quando o conceito é fixado, isto é, quando seu significado é confrontado com aquilo que ele designa, mostrando-se em sua identidade com a coisa, tal como exige a forma lógica da definição, fica ao mesmo tempo evidente a não identidade, ou seja, o fato de conceito e coisa não serem o mesmo. O conceito, que permanece fiel à própria significação, exatamente por isso deve se transformar. A filosofia, que considera o conceito como algo mais elevado do que um mero instrumento do entendimento, deve, segundo sua própria lei, abandonar definições. O movimento do conceito não é uma manipulação sofística, que lhe acrescentaria do exterior significações cambiantes, mas a consciência onipresente, que anima

todo conhecimento genuíno, da unidade e ao mesmo tempo da inevitável diferença entre o conceito e o que ele deve exprimir. A filosofia deve se entregar a essa diferença, porque ela não renuncia a essa unidade.

Apesar de toda autorreflexão, as palavras "reflexão", "filosofia da reflexão" e seus sinônimos têm muitas vezes um tom depreciativo em Hegel. Entretanto, sua crítica à reflexão, com a qual ele não poupou sequer Fichte, era ela própria reflexão. Isso se mostra de forma evidente naquela cisão do conceito de sujeito, que diferencia Hegel, assim como seus predecessores especulativo-idealistas, tão drasticamente de Kant. Com Kant, a filosofia se engajou na crítica da razão; uma consciência científica de certo modo ingênua, identificada com regras da lógica – aquilo que se chama atualmente de "fenomenologia" – foi aplicada, como condição do conhecimento, à consciência. A relação, não pensada por Kant, entre a consciência crítico-filosófica e a consciência criticada, consciência engajada no conhecimento imediato dos objetos, é agora objeto de reflexão por Hegel. Com isso, a consciência como objeto, que deve ser tomada filosoficamente, se torna algo finito, limitado e defeituoso, como já tendia a ser quando concebida por Kant, que, devido a essa finitude, negou à tal consciência o direito de se desvairar nos mundos inteligíveis. A limitação kantiana da consciência como diretamente científica e judicante é recon-
311 siderada em Hegel em sua negatividade, // como algo de ruim que precisa ser criticado. Inversamente, aquela consciência que conhece a finitude da consciência, a subjetividade observadora, que primeiramente "põe" o sujeito contemplativo de modo geral, põe desse modo também a si mesma como infinita e, segundo a intenção de Hegel, quando a filosofia está realizada

em sua infinidade, prova a si mesma como Espírito absoluto no qual desaparece a diferença entre sujeito e objeto, na medida em que não possui nada fora de si. Embora essa pretensão permaneça questionável, também a reflexão da reflexão, a duplicação da consciência filosófica, não é um mero jogo do pensamento solto e ao mesmo tempo afastado de sua matéria, mas sim algo pertinente. Na medida em que, por meio da autorreflexão, a consciência interioriza aquilo que lhe escapa da realidade, aquilo que ela mutila por meio de seus conceitos de ordenação e reduz à contingência do que se disponibiliza como dado, a consciência científica se depara, através de Hegel, com aquilo que a ciência mecânico-causal fez com a natureza ao exercer sobre ela seu poder. Nisso Hegel não era tão diferente de Bergson, que, assim como ele, revelou, com os meios próprios da análise epistemológica, a insuficiência da ciência limitada e reificante e sua inadequação ao real. Ao mesmo tempo, a ciência irrefletida adora rechaçar a consciência dessa inadequação como mera metafísica. Em Bergson, o espírito científico certamente executou a crítica do espírito científico sem levar muito em conta a contradição dessa autocrítica. É por isso que Bergson podia ser um teórico do conhecimento e ao mesmo tempo um irracionalista. Sua filosofia não resolve a relação entre ambos os aspectos. Cem anos antes, Hegel o fez. Ele sabia que toda crítica à consciência reificante, separadora e alienadora é impotente quando se limita a lhe opor, do exterior, uma fonte diferente de conhecimento. Uma concepção da *Ratio* que salta sobre a *Ratio* deve sucumbir irremediavelmente aos seus próprios critérios. Por isso Hegel fez da contradição entre espírito científico e crítica da ciência, contradição que permanece irreconciliável em Bergson, o próprio motor do filosofar. Apenas por meio da

reflexão o pensamento reflexivo vai além de si mesmo. A contra-
312 dição, que a lógica // condena, torna-se órgão do pensamento, da verdade do Logos.

A crítica de Hegel à ciência, uma palavra que retorna sempre à sua boca de maneira enfática, não deseja restaurar a metafísica pré-kantiana contra o pensamento científico, que sempre arrancou dela insistentemente seus objetos e doutrinas. Contra a ciência racional, ele lança mão de uma objeção inteiramente racional: a ciência racional, que se imagina ser a fonte legítima da verdade, prepara e ajusta os objetos visando seus próprios conceitos ordenadores, sua não contradição imanente e sua dimensão prática, até que se adéquem às disciplinas institucionais e "positivas". Que a ciência cuide menos da vida das coisas do que de sua conformidade com suas próprias regras motiva o conceito hegeliano de reificação. Aquilo que aparece como uma verdade irredutível e intocável é já produto de um processo preliminar, algo de secundário e derivado. Não é uma das menores tarefas da consciência filosófica devolver fluidez àquilo que a ciência congelou, por meio de uma reflexão desta sobre si mesma, fazendo-a retornar àquilo do que ela se afastou. A própria objetividade da ciência é meramente subjetiva; a objeção de Hegel ao trabalho irrefletido do entendimento é tão racional como a correção que ele dele faz. A crítica àquela instituição científica positivista, que crescentemente se gaba hoje em todo o mundo de ser a única forma legítima do conhecimento, está já completamente desenvolvida em Hegel. Muito antes de ter chegado até esse ponto, Hegel reconheceu nela aquilo que ela revelou ser atualmente, em inúmeras pesquisas vazias e obtusas, a saber, a unidade entre a reificação – ou seja, entre uma objetividade falsa, exterior à própria coisa, abstrata, segundo a linguagem de Hegel – e uma ingenuidade que confunde a cópia do mundo, fatos e números, com o seu fundamento.

Na linguagem da teoria do conhecimento e da metafísica especulativa que a extrapola, Hegel manifestou que a sociedade reificada e racionalizada da era burguesa, na qual a razão dominadora da natureza se consuma, poderia se tornar uma sociedade digna dos homens, não através da regressão a está-
313 gios mais antigos e irracionais, // anteriores à divisão do trabalho, mas ao aplicar sua racionalidade a si mesma, em outras palavras, ao reconhecer salutarmente as marcas do irracional em sua própria razão, assim como do rastro do racional no irracional. Nesse meio tempo, o signo do irracional apareceu explicitamente nas consequências da racionalidade moderna, que ameaçam com a catástrofe universal. O Richard Wagner schopenhaueriano trouxe essa experiência de Hegel ao seu topos antigo no *Parsifal*: somente a lança que causou a ferida pode curá-la. Como nenhuma outra consciência filosófica anterior, a consciência hegeliana padeceu da alienação entre sujeito e objeto, entre consciência e realidade. Mas sua filosofia detinha a força para não fugir desse padecimento em direção à quimera de um mundo e de um sujeito meramente imediato. Ela sempre soube que apenas uma verdade realizada do todo poderia dissolver a irracionalidade de uma razão meramente particular, isto é, uma razão que serve aos interesses meramente particulares. Isso diz mais de sua reflexão da reflexão do que os gestos irracionais, nos quais Hegel deixa às vezes se levar ao procurar desesperadamente salvar a verdade de uma sociedade que já se tornou falsa. A autorreflexão hegeliana do sujeito na consciência filosófica é, na verdade, a consciência crítica nascente que a sociedade tem de si mesma.

O tema da contradição e com ele aquele de uma realidade que se opõe ao sujeito de forma coercitiva, estranha, dura, tema com o qual Hegel antecipa Bergson, o metafísico do fluir, vale de modo geral como o princípio total de sua filosofia. É dele que o método dialético recebe seu nome. Mas exatamente esse princípio exige ser traduzido para a experiência intelectual que ele exprime. Muito facilmente ele se transforma em rubrica de considerações meramente histórico-filosóficas, que subsumem os estágios do Espírito a conceitos gerais. A dialética é rebaixada a uma visão de mundo entre outras, tal como aquela que foi mortalmente atingida pela filosofia crítica, da qual Hegel faz parte. No entanto, não se pode fugir da pergunta acerca de onde Hegel tira o direito de submeter tudo aquilo que confronta o pensamento, assim como o próprio pensamen-
314 to, ao princípio de contradição. É precisamente // nesse ponto que a filosofia hegeliana, que queria se entregar ao movimento da própria coisa e curar o pensamento de sua arbitrariedade, é suspeita de arbitrariedade e de um dogmatismo arcaico – e de fato a filosofia especulativa desde Salomon Maimon recorreu em muitos casos ao racionalismo pré-kantiano. O fato de Hegel ter expressado as objeções mais cortantes contra o esquema estrepitoso da tríade tese, antítese e síntese como um esquema do mero método e de ter dito, no Prefácio à *Fenomenologia*, que o "truque"[26] é mais rapidamente assimilado contanto permaneça um esquema, isto é, meramente impresso nos objetos a partir do exterior, isso não é suficiente para atenuar a suspeita de arbitrariedade e dogmatismo. Também não basta o fato de nenhum princípio isolado, seja a mediação, o devir, a contradição

26 Cf. WW 2, p.46 e ss.

ou a própria dialética, ser, como princípio separado, absoluto e a chave da verdade. Pois a verdade consistiria apenas na relação dos momentos que se produzem reciprocamente. Tudo isso poderia ser mera asserção. A suspeita contra a dialética como uma máxima isolada, "abstratamente" posta, como dizia Hegel, é hoje confirmada pelo fato da versão materialista derivada da dialética hegeliana, do pensamento dinâmico χατ᾽ ἐξοχήν,[27] ter sido transformada, nos países do Leste, em um dogma literal e estático: na abominável sigla Diamat.[28] Tanto antes como agora, a referência aos seus inauguradores, rebaixados ao nível de clássicos, impede toda reflexão concreta, taxada de desvio objetivista. No Diamat, o movimento hegeliano do conceito foi petrificado num artigo de fé. Em comparação, aquilo que Nietzsche exprimiu na seguinte frase, tempos depois de Hegel, tem muito mais em comum com a experiência que motivou a dialética: "Não há nada na realidade que corresponda rigorosamente à lógica".[29] Mas Hegel não proclamou isso simplesmente, ele o concluiu a partir da crítica imanente da lógica e de suas formas. Ele demonstrou que o conceito, o juízo e o silogismo, instrumentos indispensáveis para a consciência se assegurar daquilo que existe, sempre entram em contradição com o que existe; que todos os juízos particulares, todos os conceitos particulares, todos os silogismos particulares são, segundo uma ideia enfática da verdade, falsos. Assim, Kant,

27 Tal e qual, ou enquanto tal (em grego, no original). (N. T.)

28 Diamat é a sigla da expressão em inglês *Dialectical materialism*, isto é, materialismo dialético. (N. T.)

29 Friedrich Nietzsche, *Aus der Zeit der Morgenröthe und der fröhlichen Wissenschaft* 1880-1882, *Gesammelte Werke*, *Musarionsausgabe*, Elfter Band, Munique, 1924, p.22.

315 o // inimigo mortal do pensamento meramente "rapsódico" que torna absolutas as determinações particulares isoladas e contingentes, encontrou-se consigo em Hegel, seu crítico. Hegel coloca-se contra a doutrina kantiana dos limites do conhecimento, mas a respeita. É dela que provém a teoria, que se manifesta em toda determinação particular, da diferença entre sujeito e objeto. Essa diferença, que age no sentido de corrigir a si mesma, movimenta-se para além de si e se ultrapassa num conhecimento mais adequado. A justificação da primazia da negação na filosofia de Hegel estaria no fato de os limites do conhecimento, esses em direção aos quais a autorreflexão crítica nos leva, não serem algo exterior ao conhecimento, algo ao qual ele seria condenado de fora, mas algo inerente a todos os momentos do conhecimento. Todo conhecimento, não apenas aquele que se aventura no infinito, almeja, já por meio da mera forma da cópula, toda a verdade, mas nenhum a alcança. Por isso o limite kantiano do conhecimento se tornará para Hegel o princípio do progresso do próprio conhecimento. "Somente em seu *limite* e *por* seu limite, algo é o que é. Não se pode, assim, considerar o limite como simplesmente exterior ao ser-aí; mas, antes, o limite atravessa o ser-aí inteiro".[30] A universalidade da negação não é uma panaceia metafísica que deve abrir para si todas as portas, mas tão somente a consequência tirada da crítica do conhecimento, que atingiu a consciência de si e que despedaçou as panaceias. Em outras palavras, a filosofia de Hegel é, num sentido eminente, filosofia crítica, e o exame a que ela submete seus conceitos, começando com o do Ser, inclui

30 Hegel, WW 8, p.220 [*Enciclopédia das Ciências Filosóficas em Compêndio*, trad. cit., v.I, p.188].

sempre ao mesmo tempo as objeções que se voltam especificamente contra eles. De todas as deformações que a inteligência limitada faz de Hegel, a mais pobre é aquela segundo a qual a dialética deveria admitir como válido, sem distinções, tudo ou nada. Se, em Kant, a crítica permanece crítica da razão, em Hegel, que criticou a separação kantiana entre razão e realidade, a crítica da razão se torna ao mesmo tempo crítica da realidade. A insuficiência de todas as determinações particulares isoladas é sempre ao mesmo tempo também a insuficiência da realidade particular, que é compreendida por meio daquelas determinações particulares. Mesmo se o sistema no final acabe por equiparar razão e realidade, sujeito e objeto, a dialética, por
316 força do confronto // de cada realidade com seu próprio conceito, com sua própria racionalidade, volta sua agudeza polêmica contra a irracionalidade da mera existência, contra o estado natural perene. Na medida em que não é ainda inteiramente racional, na medida em que é irreconciliada, a realidade revela-se para a dialética como destinada a morrer. Com o conceito da negação determinada, que põe Hegel em vantagem diante de toda sentença de Nietzsche e do irracionalismo, ele não se volta apenas contra os conceitos abstratos superiores, mas também contra o próprio conceito de negação. No entanto a negação ao mesmo tempo intervém nessa realidade na qual o conceito que critica a si mesmo tira pela primeira vez seu conteúdo: a sociedade. "Mas no que toca ao *saber imediato* de *Deus*, do *direito*, da ética", estas são "absolutamente condicionadas pela mediação que se chama desenvolvimento, educação, cultura".[31]

---

31 Ibidem, p.173 [*Enciclopédia das Ciências Filosóficas em Compêndio*, trad. cit., v.I, p.147].

A contradição dialética é experimentada na sociedade. A própria construção hegeliana, formulada nos termos da filosofia da identidade, exige que a contradição seja apreendida tanto a partir do objeto como a partir do sujeito. Na contradição dialética, cristaliza-se um conceito de experiência que aponta para além do idealismo absoluto, o conceito de totalidade antagônica. Do mesmo modo que o princípio da mediação universal, em oposição à imediatez do mero sujeito, remete ao fato de que, em todas as categorias do pensamento, a objetividade do processo social é anterior à contingência do sujeito particular, também a concepção metafísica do todo reconciliado, considerada a quintessência de todas as contradições, é tirada do modelo da sociedade cindida e, entretanto, una. Trata-se realmente da sociedade, pois Hegel não se contenta com um conceito universal de realidade antagônica, algo como a representação das polaridades originárias do Ser. Partindo, na *Fenomenologia do Espírito*, da crítica do que está mais próximo, da consciência humana particular e imediata, ele efetua a mediação de tal consciência através do movimento histórico daquilo que existe, o que o conduz para além de toda mera metafísica do Ser. A concretização da filosofia, uma vez desencadeada, não se deixa deter em vistas dessa dignidade ilusória. "É uma covardia do pensamento abstrato fugir de maneira monástica do presente sensível; a
317 abstração moderna mantém essa distância repugnante // ao momento do presente sensível".[32] Essa concreção possibilita Hegel interpenetrar totalmente a ideia da totalidade proveniente do sistema idealista com a ideia de contradição. Decifrada, a teoria lógico-metafísica da totalidade como quintessência das contra-

32 WW 16, p.309.

dições significa que a sociedade não seria meramente abalada e atravessada por contradições e desproporcionalidades; mas que ela se torna totalidade apenas por força de suas contradições. A socialização da sociedade, sua fusão com aquilo que – justificando Hegel – é em verdade mais parecido com um sistema do que com um organismo, foi até hoje resultado do princípio de dominação, do próprio princípio da divisão, perpetuando-a. A sociedade se manteve viva, se reproduziu continuamente e desdobrou suas forças apenas por meio de sua cisão em interesses opostos, entre aqueles que possuem e aqueles que produzem. Hegel preservou esse olhar de todo sentimentalismo, de todo romantismo, de toda regressão do pensamento e da realidade a estágios anteriores. Ou a totalidade encontra-se consigo mesma reconciliando-se, portanto suprimindo sua própria natureza contraditória ao levar suas contradições até o fim e deixando de ser totalidade, ou o que é antigo e falso persistirá até a catástrofe. Como algo contraditório, o todo da sociedade tende ao seu próprio ultrapassamento. O princípio goetheano-mefistofélico de que tudo o que existe merece perecer significa em Hegel que a destruição de todo singular é determinada pela sua própria singularização, pela particularidade, a lei do todo: "O singular, para si, não corresponde ao seu conceito; essa limitação de seu ser-aí constitui sua *finitude* e sua ruína".[33] Como separado, o singular é culpado diante da justiça, diante da paz que não seria submetida à pressão do todo. Ao procurar vantagens próprias, os homens isolados são entregues à limitação, à estupidez e à

33 WW 8, p.423 [*Enciclopédia das Ciências Filosóficas em Compêndio*, trad. cit., v.I, p.349].

nulidade; uma sociedade que apenas é mantida unida e vive por meio do momento universal das vantagens particulares fracassa completamente por conta de sua própria força motora. Essas formulações não são formas dialético-metafóricas para expres-
318 sar enunciados simples // sobre o factual, nem um mero flerte com Hegel, tal como Marx escreve posteriormente numa célebre passagem. Pelo contrário, elas de certo modo retraduzem a filosofia de Hegel naquilo que ele havia projetado na linguagem do absoluto. Que Hegel, na *Filosofia do Direito*, rompa com semelhantes pensamentos por meio da súbita absolutização de uma categoria – a categoria do Estado –, como se a dialética se assustasse diante de si mesma, isso decorre do fato de sua experiência ter compreendido os limites da sociedade civil, limites contidos em sua própria tendência. Mas, como idealista burguês, ele se manteve diante desse limite por não ter visto nenhuma força histórica real para além dele. Ele não podia dominar a contradição entre sua dialética e sua experiência: foi somente essa a razão que fez o crítico Hegel tomar uma posição afirmativa.

O nervo da dialética como método é a negação determinada. Ela se baseia na experiência da incapacidade de a crítica deter-se no universal, despachando o objeto criticado ao subsumi-lo pelo alto sob um conceito que funciona como seu mero representante. Somente é fecundo o pensamento crítico que libera a força armazenada em seu próprio objeto. Ele, ao mesmo tempo, o libera a seu favor, na medida em que traz o objeto a si mesmo, e contra ele, na medida em que o adverte de que ele ainda não é ele próprio. A esterilidade de todo trabalho dito intelectual que se instala na esfera do geral sem se sujar com o específico foi sentida por Hegel que, em vez de lamentar, pro-

duziu uma viragem crítico produtiva. A dialética exprime o fato do conhecimento filosófico não estar em casa onde a tradição o fixou, lugar onde ele floresceria de modo demasiado fácil, livre de todo tipo de peso e da resistência daquilo que existe. Na verdade, o conhecimento começa somente lá onde ele acolhe o que para o pensamento tradicional aparece como opaco, impenetrável, mera individuação. A isso se refere a sentença dialética: "O real é pura e simplesmente uma identidade do universal e do particular".[34] Mas esse deslocamento não deseja reconduzir a filosofia, no resultado de seu esforço, à constatação de uma existência desconexa, retornando no final novamente ao positivismo. Há de certo um impulso positivista traba-
319 lhando secretamente em // Hegel, ao endeusar a quintessência daquilo que é. Mas a força que o conhecimento particular determinado revela é sempre a insuficiência da mera particularidade. Aquilo que é, é sempre mais do que si mesmo. Na medida em que o todo está atuando no microcosmo do particular, pode-se falar com razão de uma reprise leibniziana em Hegel, por mais decididamente que, no geral, ele se coloque contra a abstração da mônada. Para esclarecer isso nos termos da experiência intelectual irrefletida: quem sempre deseja abarcar uma coisa não com categorias, mas conhecê-la em si mesma, deve se entregar a ela sem reservas, sem a cobertura de conceitos pensados de antemão. Mas ele só será bem-sucedido quando o potencial desse conhecimento que apenas se atualiza por meio da imersão no objeto já se encontrar no próprio conhecimento, como teoria. Nesse sentido, a dialética hegeliana descreve com autoconsciência filosófica a via de todo pensa-

34 WW I, p.527.

mento produtivo, que não apenas reconstrói ou repete o que veio antes. Essa via, é verdade, é oculta ao pensamento; quase se deseja crer com Hegel que ela deve estar oculta ao pensamento para que este seja produtivo. Ela não é nem uma teoria induzida nem uma teoria a partir da qual se pudesse proceder de maneira dedutiva. Aquilo que mais choca o inocente leitor da *Fenomenologia do Espírito*, o súbito clarão que ilumina a ligação entre as ideias especulativas mais elevadas e a experiência política atual da Revolução Francesa e do período napoleônico, é o propriamente dialético. A dialética relaciona o conceito universal e o τόδε τι[35] sem conceito – como talvez já havia feito Aristóteles com a πρώτη οὐσία[36] – cada um em si mesmo, relacionando-se ao seu oposto com um tipo de explosão permanente que ocorre no contato dos extremos. O conceito hegeliano de dialética recebe sua temperatura específica e se diferencia dos nivelamentos da filosofia da vida, como a de Dilthey, precisamente por meio do movimento que passa pelos extremos: desenvolvimento como descontinuidade. Mas a dialética se origina da experiência da sociedade antagônica, não do mero esquema conceitual. A história de uma época não conciliada não pode ser um desenvolvimento harmônico. Apenas a ideologia, que nega tal caráter antagônico, produz tal harmonia. As contradições, a única e verdadeira ontologia da filosofia hegeliana, são, ao
320 mesmo tempo, também a // lei formal da história, que avança somente na contradição e com um sofrimento inefável. Hegel denominou essa história um campo de batalhas[37] e apesar de

35 Este algo, isto é, o individual (em grego, no original). (N. T.)
36 Substância primeira (em grego, no original). (N. T.)
37 Cf. WW 11, p.49.

seu muito citado otimismo pela história, que Schopenhauer chamou de vil, a fibra da filosofia hegeliana, a consciência de que todo existente, na medida em que chega a si mesmo, ao mesmo tempo suprime a si mesmo e declina, não está de modo algum tão distante do pensamento do Um de Schopenhauer, tal como gostaria de contar a história oficial da filosofia após as invectivas deste último.

A doutrina de Hegel de que, como "negação determinada", só presta o pensamento que se satura sob o peso de seu objeto, ao invés de ultrapassá-lo imediatamente, está a serviço do aspecto apologético, da justificação daquilo que existe. O pensamento, que apenas se torna verdade ao tomar para si plenamente aquilo que lhe opõe resistência, sucumbe sempre ao mesmo tempo à tentação de esclarecer precisamente com isso o que resiste ao pensamento como ideia, verdade. Essa teoria de Hegel foi citada também pelo jovem Georg Lukács,[38] não apenas para difamar a literatura que se desvia da realidade empírica, mas, além disso, para requentar uma das mais duvidosas teses de Hegel: aquela acerca da racionalidade do real. Segundo a distinção entre possibilidade abstrata e real, apenas seria possível aquilo que se tornou efetivamente real. Essa filosofia marcha ao lado dos mais fortes batalhões. Ela adota para si o veredicto de uma realidade que sempre enterra aquilo que poderia ser diferente. Mas, mesmo sobre isso, não se pode julgar Hegel a partir de suas próprias convicções. Um envolvimento persistente com Hegel ensina que em sua

---

38 Cf. Georg Lukács, *Wider den mißverstandenen Realismus*, Hamburg, 1958; e também Theodor W. Adorno, *Erpreßte Versöhnung*, in: *Noten zur Literatur II*, Frankfurt, 1961, p.152 e ss.

filosofia, como provavelmente em toda grande filosofia, não se pode selecionar aquilo que se gosta e rejeitar o que irrita. É essa sombria necessidade, e não algum ideal de completude, que cria a seriedade e a substancialidade da exigência sistemática de Hegel. Sua verdade se esconde no escândalo, não no plausível. Salvar Hegel, e não renová-lo, pois apenas a salvação é apropriada para ele, significa encarar sua filosofia lá onde ela é mais dolorosa; arrancar a verdade, lá onde sua inverdade
321 é explícita. Na doutrina da possibilidade abstrata e real, // a experiência estética pode ajudar. Cito uma passagem de uma carta sobre a novela tardia de Thomas Mann, *A enganada* [*Die Betrogene*], de 1954:

> Se não me engano, a figura de Ken possui todos os traços de um americano do final dos anos quarenta ou dos anos cinquenta e não da década após a Primeira Guerra... Ora, se poderia dizer que isso é a liberdade legítima do figurar e que a exigência pela fidelidade cronológica permanece secundária mesmo ali onde se trata de extrema precisão na representação humana. Mas eu duvido que esse argumento, que surge como óbvio, é realmente válido. Se se transpõe a obra para os anos vinte, se ela se passa após a Primeira Guerra e não após a Segunda, isso tem bons motivos – o mais óbvio é que não se poderia hoje em dia conceber uma existência tal como a da senhora von Tümmler; e em uma camada mais profunda ela encena sem dúvida o esforço de distanciar exatamente o mais próximo e de transfigurá-lo magicamente em um mundo anterior, mundo que, com sua pátina especial, é o mesmo do *Krull*. Entretanto, com uma tal transposição no tempo, assume-se um tipo de obrigação, semelhante àquela do primeiro compasso de uma música, de cujo desiderato não se consegue se livrar até a

> última nota, o que produz o equilíbrio. Não quero dizer a obrigação de uma fidelidade exterior ao "colorido do período", mas sim aquela obrigação de fazer aparecerem as imagens que a obra de arte evoca ao mesmo tempo como imagens históricas; uma obrigação que, por motivos estético-imanentes, dificilmente pode se dispensar daquela fidelidade exterior. Pois, se não me engano, depara-se aqui com o fato paradoxal da evocação de tais imagens, portanto o elemento propriamente mágico do objeto de arte, ser tanto mais perfeito quanto mais autênticos são os dados reais. Poder-se-ia quase acreditar que a penetração subjetiva não estaria, tal como nos quer fazer crer nossa formação e nossa história, numa simples oposição à exigência do realismo, que em certo sentido perpassa o conjunto da minha obra, mas, quanto mais precisamente se detém no elemento histórico inclusive dos tipos humanos, mais provavelmente se atingirá a espiritualização, o mundo da imago. Eu cheguei a essas reflexões tortuosas primeiramente com Proust, que a esse respeito reagiu com exati-
> **322** dão idiossincrática, // e elas se me impuseram novamente com a leitura de *A enganada*. Parece-me nesse momento que é por meio desse tipo de exatidão que os pecados, com os quais toda ficção artística luta, possam sem expiados; como se esta pudesse curar a si mesma por meio da fantasia rigorosa.[39]

Algo semelhante se esconde atrás daquele teorema de Hegel. Mesmo na obra de arte que, por força da sua própria lei formal diferencia-se de todo simples existente de modo essencial, o preenchimento dessa lei formal, a essencialidade própria, a

39 Theodor W. Adorno, *Aus einem Brief über die "Betrogene" an Thomas Mann*, in: Akzente, Jahrgang 1955, Heft 3, p.286 e ss.

"possibilidade" no sentido mais forte do termo, depende da medida de realidade que ela absorveu, não importa o quanto essa realidade esteja transformada e reconfigurada. Mesmo o pensamento que se opõe à realidade ao sustentar a possibilidade sempre derrotada, só o faz na medida em que compreende a possibilidade sob o ponto de vista de sua realização, como possibilidade da realidade, algo em direção a qual a própria realidade, mesmo que fraca, estende seus tentáculos, e não como um "teria sido tão belo", cujo tom aponta antecipadamente ao fracasso. É este o conteúdo de verdade, inclusive das camadas da filosofia hegeliana, onde Hegel, como ocorre na *Filosofia da História* e particularmente no prefácio da *Filosofia do Direito*, se resigna à realidade ou parece maliciosamente dar razão a ela, caçoando daqueles que querem melhorar o mundo. São os elementos mais reacionários de Hegel e não os progressistas-liberais que prepararam o solo para a crítica socialista posterior do utopismo abstrato; é verdade que para fornecer mais tarde, na própria história do socialismo, os pretextos para uma repressão renovada. A difamação atual, frequente nos países do Leste, em relação a todo pensamento que se eleva por sobre a obstinada imediatez daquilo que lá é posto sob o conceito de práxis, é a prova mais drástica disso. Apenas não se deveria imputar a Hegel a culpa pelo abuso de seus motivos, cobrindo com o manto da ideologia o horror contínuo. A verdade dialética se expõe a tal abuso: sua essência é frágil.

Apesar disso, a inverdade da justificação hegeliana daquilo que existe, contra a qual a esquerda hegeliana por sua vez se rebelou e que nesse meio tempo chegou ao absurdo, não pode ser negada. Mais do que qualquer outra de suas doutrinas,
323 aquela da racionalidade do real parece // contradizer a experiên-

cia da realidade, incluindo aquela da assim chamada tendência dominante. Mas ela é inseparável do idealismo hegeliano. Uma filosofia para a qual, como resultado de seu movimento e de seu todo, tudo o que é se dissolve no Espírito, filosofia que proclama a identidade entre sujeito e objeto no todo, enquanto é a não identidade no particular que a inspira, irá colocar-se apologeticamente do lado daquilo que existe, que deve ser uno com o Espírito. Mas como a tese da racionalidade do real foi desmentida pela realidade, então a concepção da filosofia da identidade desmoronou filosoficamente. A diferença entre sujeito e objeto não se deixa erradicar na teoria, do mesmo modo como até hoje ela não foi resolvida na experiência da realidade. Se, em face da tensão do espírito, que nunca se mostrou mais poderoso na compreensão do real do que em Hegel, a história da filosofia expõe-se após ele como enfraquecimento, resignação da força conceitual e construtiva, então o processo, que conduziu até esse ponto, é não obstante irreversível. O processo não deve ser atribuído apenas a uma falta de fôlego intelectual, esquecimento ou a uma ingenuidade mal ressuscitada. Age nele, de uma forma perfeita e terrivelmente hegeliana, ao mesmo tempo algo da lógica da própria coisa. O filosofema segundo o qual aquilo que sucumbe merece seu destino ainda se conserva em Hegel. Como pensador burguês por excelência, ele se submete à máxima protoburguesa de Anaximandro. A razão se torna impotente para compreender o real, não apenas devido à sua própria impotência, mas porque o real não é a razão. O debate entre Kant e Hegel, no qual a argumentação concludente de Hegel tinha a última palavra, não está terminado; talvez porque o decisivo, a predominância do próprio rigor lógico, é não verdadeiro diante das descontinui-

dades kantianas. Ao estender, por meio de sua crítica a Kant, o filosofar crítico magnificamente para além do campo formal, Hegel escamoteou o momento crítico supremo, a crítica à totalidade, a um infinito dado e conclusivo. Despoticamente, ele então eliminou a barreira, aquilo que é irredutível para a consciência, aquilo de que a filosofia transcendental de Kant
324 tira // sua experiência mais profunda, e estipulou uma unidade do conhecimento sem fissuras por meio de suas fissuras; o que tem algo de uma ilusão mítica. Hegel suprimiu a diferença entre condicionado e absoluto e emprestou ao condicionado a aparência do incondicionado. Mas, ao fazê-lo, ele foi no fim injusto com a experiência da qual se nutria sua filosofia. A força cognitiva de sua filosofia desaparece ao mesmo tempo com o direito da experiência. A pretensão de saltar sobre o particular por meio do todo se torna ilegítima, pois esse todo não é propriamente, como quer a famosa sentença da *Fenomenologia*, o verdadeiro. A referência afirmativa e assegurada desse todo, como se fosse possível possuí-lo seguramente, é uma ficção.

Não é possível atenuar essa crítica, mas mesmo ela não deveria proceder de forma sumária com Hegel. Mesmo lá onde ele ofende a experiência, incluindo aquela que motiva sua própria filosofia, a experiência fala a partir dele. Se aquele sujeito-objeto em direção ao qual sua filosofia se desenvolve não é um sistema do espírito absoluto reconciliado, há de se lembrar que o espírito experimenta não obstante o mundo como sistema. Seu nome designa a união inexorável de todos os momentos e atos separados da sociedade civil por meio do princípio de troca com um todo de modo muito mais exato do que outros nomes mais irracionais, tal como aquele de vida, mesmo que este conviesse melhor à irracionalidade do mundo, à sua in-

capacidade de conciliação com os interesses racionais de uma humanidade consciente de si mesma. Mas a razão dessa união que conduz à totalidade é ela própria a não razão, a totalidade do negativo. "O todo é o não verdadeiro", não apenas porque a tese da totalidade é ela própria a inverdade, o princípio de dominação extrapolado ao absoluto. A ideia de uma positividade que acredita dar conta de tudo aquilo que lhe é oposto por meio da coerção poderosa do espírito conceitual é a imagem especular da experiência da coerção poderosa, que é inerente a tudo o que existe por meio de sua união sob a dominação. Isso é o verdadeiro na não verdade de Hegel. A força do todo, que a mobiliza, não é mera imaginação do Espírito, mas aquela força real da teia de ilusão em que todo particular permanece aprisionado. Na medida em que a filosofia determina contra
325 Hegel a negatividade do todo, ela satisfaz pela última vez // o postulado da negação determinada, que seria a posição. O raio de luz que revela o todo em todos os seus momentos como o não verdadeiro não é senão a utopia de toda verdade, utopia que ainda precisa se realizar.

Skoteinos ou Como ler

Não tenho senão um sussurro.

Rudolf Borchardt

326 // As resistências que as grandes obras sistemáticas de Hegel, especialmente a *Ciência da Lógica*, opõem ao entendimento são qualitativamente diferentes daquelas de outros textos mal-afamados. A tarefa não consiste simplesmente em se assegurar, por meio de um exame exato do conteúdo textual e pelo esforço mental, de um sentido cuja existência não se duvide. Antes, o sentido é em muitas partes ele próprio incerto e nenhuma arte hermenêutica estabeleceu-o até hoje de maneira indubitável; em todo caso, não existe uma filologia de Hegel, não existe uma crítica textual adequada. As tiradas de Schopenhauer, com toda sua mesquinhez e rancor, contra a suposta obscuridade hegeliana denotavam, ao menos negativamente, tal como a criança diante da "roupa nova" do imperador, uma incapacidade de compreender o que estava em questão, devido ao respeito culto e o medo do ridículo. No terreno da grande filosofia, Hegel é sem dúvida o único diante do qual por vezes literalmente não se sabe,

e não se pode decidir conclusivamente, do que ele está falando, o único diante de quem a própria possibilidade dessa decisão não é garantida. Entre os conceitos fundamentais, um exemplo é a distinção entre categorias de "fundamento" e "causalidade" no segundo livro da grande *Lógica*; uma descrição detalhada é fornecida por algumas sentenças do primeiro capítulo do mesmo livro:

> O devir na essência, seu movimento reflexionante é, por conseguinte, o *movimento do nada para o nada e desse modo apenas para si mesmo de volta*. A passagem ou o devir se superam em sua passagem; o outro, que nessa passagem se torna algo, não é o não-ser de um ser, mas o nada de um nada, e isso, a saber, ser a negação de um nada constitui o ser. O ser é apenas como o movimento do nada para o
> **327** nada, assim ele é a essência; // e essa *não* tem esse movimento *em si*, mas é ela como a aparência absoluta mesma, a pura negatividade, que não tem nada fora dela que a negou, mas que apenas nega o seu negativo mesmo, que é apenas nesse negar.[1]

Já no jovem Hegel há algo análogo, até mesmo no *Escrito sobre a diferença*, que, como programa, é extremamente claro. O final da seção sobre a relação da especulação com o senso comum diz:

> Se, para o senso comum, aparece apenas o lado destruidor da especulação, então essa destruição não aparece para ele em toda sua extensão. Se ele pudesse compreender essa extensão, ele não

---

1 Hegel, WW 4, p.493 [*Ciência da Lógica*. São Paulo: Barcarolla, 2011, p.119, trad. Marco Aurélio Werle].

> consideraria a especulação como sua adversária. Pois, em sua síntese suprema do consciente e do inconsciente, a especulação exige também a destruição da própria consciência; e, assim, a razão joga a si mesma e sua reflexão da identidade absoluta e seu saber no abismo. E nesta noite da simples reflexão e do entendimento comum, que é o meio-dia da vida, ambos podem ser encontrar.[2]

Apenas a fantasia exata e engenhosa de um apaixonado membro de seminário filosófico será capaz de iluminar, sem lhe fazer violência, essa última sentença, que rivaliza com a prosa mais audaciosa do Hölderlin desses mesmos anos, explicando que a "noite da simples reflexão" seja noite para a simples reflexão, mas que a vida, ligada ao meio-dia, seja a especulação. Pois o conceito hegeliano de reflexão, removido de sua casca terminológica, significa justamente a vida forçada novamente para o interior;[3] nisso a filosofia especulativa – inclusive a de Schopenhauer – e a música estão intimamente ligadas. A passagem se torna compreensível por meio do conhecimento do contexto hegeliano, principalmente da construção conceitual do capítulo, mas não a partir do conteúdo textual do parágrafo. Àquele que se aferra ao parágrafo e então, decepcionado, recusa-se a se ocupar de Hegel devido ao seu caráter abissal, não se pode responder senão com generalidades, cuja inadequação o próprio Hegel, de acordo com a terminologia daquele escrito, censurou ao entendimento meramente reflexionante. Não se trata de se esquivar das passagens em que permanece indeciso aquilo de que elas tratam, mas sua estrutura deveria ser deriva-

2 WW I, p.60.

3 Cf. p.293 do original.

328 da do conteúdo da filosofia hegeliana. // O caráter do indeciso é associado a essa filosofia, em concordância com a doutrina de que o verdadeiro não deveria ser apreendido em nenhuma tese particular, em nenhuma expressão positiva limitada. A forma de Hegel segue essa intenção. Nada pode ser compreendido isoladamente, mas apenas no todo, com a dificuldade de que o todo em compensação possui sua vida somente nos momentos singulares. Mas essa duplicidade da dialética escapa na verdade à apresentação literária, que é necessariamente finita enquanto denota univocamente algo de unívoco, motivo pelo qual, em Hegel, é preciso conceder a ela tanta importância. O fato de ela não poder produzir em princípio, com um só golpe, a unidade do todo e de suas partes, se torna sua fraqueza. Se cada sentença particular da filosofia hegeliana reconhece a si mesma como inadequada, a forma expressa esse fato na medida em que não é capaz de apreender de modo inteiramente adequado conteúdo algum. Do contrário, a forma estaria separada da pobreza e da falibilidade dos conceitos que Hegel acaba por nos mostrar. Por isso a compreensão de Hegel se decompõe em seus momentos, mediados uns pelos outros e no entanto contraditórios. Hegel se torna inacessível àquele que não está familiarizado com sua intenção geral, que deve ser deduzida principalmente de sua crítica às filosofias históricas e à sua própria época. Mesmo que provisoriamente, é preciso ter presente aquilo que Hegel procura em cada momento, e procurar iluminá-lo de trás para frente. Ele exige objetivamente uma leitura multifacetada, e não meramente para familiarizar o leitor com o assunto. Mas, se se concentra tudo nisso, corre-se o risco de falsificá-lo uma vez mais. Então se produz facilmente aquilo que foi o mais prejudicial até agora para a interpretação,

uma consciência vazia do sistema que é inconciliável com o fato de o sistema não desejar formar conceitos superiores abstratos em face de seus momentos, mas apenas alcançar sua verdade nos momentos concretos e por meio deles.

Há algo de essencial no próprio Hegel que conduz a essa compreensão indigente, que procede de cima para baixo. O que deve ser o todo e seu resultado – a construção do sujeito--objeto, a demonstração de que a verdade é essencialmente sujeito – é de fato pressuposto já por cada passo dialético, conforme a própria doutrina de Hegel de que as categorias do Ser seriam já em si aquilo que finalmente revela a doutrina do conceito como seu em-si e para-si. Isso é dito da forma mais
329 clara no "Sistema" – aquele da grande *Enciclopédia*: //

> A finitude do fim consiste em que, em sua realização, o material empregado para isso como meio só exteriormente esteja subsumido sob ele, e feito conforme a ele. Ora, de fato, o objeto é *em si*, o conceito; enquanto este ali se realiza como fim, isso é somente a manifestação do seu próprio interior. A objetividade, desse modo, é como se fosse um invólucro, sob o qual o conceito está oculto; no finito não podemos experimentar ou ver que o fim foi verdadeiramente alcançado. A plena realização do fim infinito é somente a superação da ilusão de que o fim não foi ainda realizado. O bem, o absolutamente bom, realiza-se eternamente no mundo, e o resultado é que já se realizou em si e para si, e não precisa esperar por nós. É nessa ilusão que vivemos, e, ao mesmo tempo, somente ela é o [fator] atuante, em que repousa o interesse do mundo. A ideia em seu processo cria para si mesma aquela ilusão, contrapõe a si um Outro, e seu agir consiste em superar essa ilusão. Somente a partir desse erro a verdade surge, e aí reside

> a reconciliação com o erro e com a finitude. O ser-outro – ou o erro – enquanto superado é ele mesmo um momento necessário da verdade, a qual só é enquanto faz de si o seu próprio resultado.[4]

Isso contraria aquele puro abandono à coisa e a seus momentos a que se refere a Introdução à *Fenomenologia*. Não se procede de maneira tão concreta como esta gostaria. Os momentos isolados só ultrapassam a si mesmos porque a identidade entre sujeito e objeto é preconcebida. A relevância das análises particulares é continuadamente interrompida pelo primado abstrato do todo. Mas a maioria dos comentários, inclusive o de McTaggart,[5] falha ao abandonar-se a tal primado. A intenção é tomada pelo fato, a orientação sobre as tendências diretivas dos pensamentos é tomada por veracidade; a execução seria então supérflua. O próprio Hegel não é de forma alguma inocente no que se refere a esse procedimento insuficiente, que segue a linha de menor resistência. É sempre mais fácil encontrar seu caminho em um pensamento como num mapa do que examinar a validade de sua execução. É assim que o próprio Hegel por
330 vezes se enfraquece, // satisfaz-se com indicações formais, com teses segundo as quais algo é assim lá onde ainda não foi realizado. Entre as tarefas de uma interpretação devida, não é a menor nem a mais simples a de separar essas passagens daquelas

---

4 Hegel, WW 8, § 212, Adendo, p.422 [*Enciclopédia das Ciências Filosóficas em Compêndio*. São Paulo: Loyola, 2005, p.347, trad. Paulo Meneses (tradução modificada)].

5 Cf. J. M. E. McTaggart, *A Commentary on Hegel's Logic*, Cambridge, 1931.

em que algo é realmente pensado. Sem dúvida, em comparação a Kant, os elementos esquemáticos em Hegel são menos proeminentes. Mas o sistema muitas vezes interfere no programa da pura observação. Isso era inevitável para o todo não se tornar um simples emaranhado. Para evitar que isso ocorresse, Hegel dedica-se ocasionalmente a um pedantismo que não cai muito bem para aquele que julga com desprezo definições verbais e coisas semelhantes. No que se refere à passagem da sociedade civil ao Estado, lê-se o seguinte na *Filosofia do Direito*:

> O conceito desta ideia somente será espírito, algo real e consciente de si, se for objetivação de si mesmo, movimento que percorre a forma de seus momentos. Disso decorre que ele é: *A*) o espírito moral natural ou imediato: a família. Essa substancialidade esvai-se na perda de sua unidade, na cisão e no ponto de vista do relativo, tornando-se, então: *B*) sociedade civil: uma ligação das partes, enquanto indivíduos autônomos, numa universalidade formal, por meio de suas necessidades e da constituição jurídica como meio de segurança das pessoas e da propriedade, bem como de uma regulamentação exterior para satisfazer seus interesses particulares e coletivos, de modo que seu Estado exterior converge e reúne-se na *C*) constituição do Estado, que é o objetivo e a realidade do universal substancial, bem como da vida pública dedicada a ele.[6]

No que se refere ao conteúdo, a configuração dos momentos dinâmico-dialético e conservador-afirmativo tanto condiciona aquele excedente da rígida universalidade em todo

6 Hegel, WW 7, § 157, p.236 e ss.

devir e em todo particular quanto é condicionado por ele, e não apenas na *Filosofia do Direito*. A *Lógica* de Hegel não é apenas sua metafísica, mas ela é também sua política. A arte de ler Hegel deveria notar quando começa algo novo, algo de substancial, e quando continua uma máquina que não deseja ser uma e não deveria continuar a funcionar. Em todo momento é preciso ter em mente duas máximas aparentemente incompatíveis: a imersão minuciosa e a distância livre. Ter isso em mente ajuda. Aquilo que parece loucura para o senso comum
331 // tem em Hegel seus momentos de claridade, inclusive para ele mesmo. O senso comum pode aproximar-se de Hegel por meio desses momentos, contanto que não o impeça o ódio que o próprio Hegel, no *Escrito sobre a diferença*,[7] diagnosticou como algo de inato ao senso comum. Mesmo os capítulos crípticos trazem sentenças, como aquela da discussão da aparência, que expressam de modo complementar que o idealismo subjetivo e o fenomenalismo são visados polemicamente: "Assim, a aparência é o fenômeno do ceticismo, e o fenômeno do idealismo, por seu turno, é aquela imediatez que não é um algo ou uma coisa, nem, de forma geral, um Ser indiferente, exterior à sua determinidade e à sua relação com o sujeito".[8]

Aquele que, diante das reflexões realizadas por Hegel, se concentra na concepção geral e substitui a transparência do particular pela determinação do valor da posição do detalhe no sistema, renuncia de antemão à compreensão estrita; capitula, ao sustentar que Hegel não deve ser compreendido em sentido estrito. Onde ele foi expressamente rechaçado – prin-

---

7 Cf. WW I, p.56 e ss.
8 WW 4, p.488.

cipalmente no positivismo – não é levado em consideração nos dias de hoje. Em vez de exercer a crítica, afasta-se Hegel como ausente de sentido. Ausência de sentido é uma palavra elegante para designar a antiga censura da ausência de clareza. Não vale a pena desperdiçar tempo com aquele que não é capaz de dizer claramente o que pensa. Como o desejo pelas definições verbais, com o qual é relacionado, esse conceito de clareza sobreviveu à filosofia, na qual ele surgiu pela primeira vez e da qual ele se tornou independente. É retransmitido das ciências particulares, que o preservam dogmaticamente, à filosofia, que refletiu longamente de forma crítica sobre ele e por isso não deveria ser-lhe condescendente de forma inquestionável. Os conceitos cartesianos de clareza e distinção, que ainda em Kant eram intimamente associados, são tratados do modo mais detalhadamente possível nos *Principia*:

> E [há] mesmo muitíssimos homens [que] em toda a sua vida jamais percebem coisa alguma de maneira suficientemente correta para formar um juízo certo acerca disso. Com efeito, de uma percepção na qual um juízo certo e indubitável possa ser apoiado se requer não apenas que seja clara, mas também que seja distinta. Clara chamo àquela que está manifestamente presente a uma mente atenta, assim como dizemos que são claramente vistas por nós as
> 332 [coisas] que, presentes a um olho que enxerga, // movem-no de maneira suficientemente forte e manifesta. Distinta, porém, é aquela que, além de ser clara, é tão precisamente separada das outras que absolutamente nada mais contém em si além do que é claro.[9]

9 Descartes, *Princípios da filosofia*. Rio de Janeiro: Ed. UFRJ, 2002, p.61, trad. Guido Antonio de Almeida (coord.), Raul Landim Filho et al.

Essas sentenças, extremamente ricas em consequências do ponto de vista da história, estão longe de serem livres de problemas do ponto de vista da teoria do conhecimento, tal como gostaria o senso comum, tanto hoje como outrora. Descartes as pressente como convenções terminológicas: "*claram voco illam* [...] *perceptionem*". Ele define clareza e distinção como o objetivo da compreensão. Permanece como algo indeterminado se o conhecimento como tal, segundo sua constituição própria, preenche ambos os critérios. E, na verdade, por razões de método,[10] a doutrina cartesiana se poupa da fenomenologia dos próprios atos cognitivos, como se eles devessem ser

---

10 Uma história filosófica da clareza teria de refletir sobre o fato de que, segundo sua origem, a clareza era ao mesmo tempo atributo do divino contemplado e de seu modo de manifestação, a aura radiante da mística cristã e judaica. Com a incessante secularização, ela se converte em algo metodológico, o modo de conhecimento elevado ao absoluto, conhecimento que satisfaz suas regras metodológicas, sem levar em consideração de onde provém e para aonde aponta o ideal e sem levar em consideração também o conteúdo. Clareza é a forma hipostasiada da consciência subjetiva suficiente de algo em geral. Ela se torna um fetiche para a consciência. Sua adequação aos objetos suprime os próprios objetos e, finalmente, o sentido transcendente; a filosofia deve então ser apenas um "esforço para a última clareza". A palavra esclarecimento poderia provavelmente marcar a altura desse desenvolvimento. Sua despotenciação está sem dúvida conectada com o fato de que a recordação da imagem primeva da claridade, a luz, que continua a pressupor seu *pathos*, desde então se apagou. Como que olhando de volta para o passado, o *Jugendstil*, que era uma reunião paradoxal do romantismo e do positivismo, deu uma fórmula ao duplo caráter da clareza; diz um lema de Jacobsen: "Luz sobre o país / Eis aquilo que queríamos". Se Husserl lida com "graus de clareza", ele utiliza involuntariamente uma metáfora do templo do *Jugendstil*, da esfera sacral profana.

tratados como uma axiomática matemática, sem referência à sua estrutura própria. Mas esse ideal matemático determina também substancialmente ambas as normas metodológicas. Descartes não sabe elucidá-lo de outra forma a não ser por meio da comparação com o mundo sensível: "*sicut ea clare a nobis videri dicimus, quae, oculo intuenti praesentia, satis fortiter et aperte illum movent* [assim como dizemos que são claramente vistas por nós as (coisas) que, presentes a um olho que enxerga, movem-no de maneira suficientemente forte e manifesta]".[11] Não se deve
333 subestimar o fato de que precisamente na discussão // sobre a clareza, Descartes se contente com uma simples metáfora – "*sicut*" – que se afasta necessariamente daquilo que ela deveria esclarecer e por isso é tudo menos clara. Ele deve ter derivado o ideal de clareza da certeza sensível, sobre a qual alude ao falar do olho. Mas seu substrato, o mundo sensível-espacial, a *res extensa*, é em Descartes, como se sabe, idêntico ao objeto da geometria, desprovido de toda dinâmica. Foi a insatisfação com essa ideia que provocou a doutrina leibniziana, retomada por Kant contra Descartes, de um contínuo infinitesimal que conduz da representação obscura e caótica à representação clara:

> A clareza não é, como os lógicos dizem, a consciência de uma representação; com efeito, mesmo em minhas representações obscuras, tem que se encontrar um certo grau de consciência, que, porém, não basta para a recordação, pois sem consciência alguma não estabeleceríamos nenhuma consciência ao ligarmos representações obscuras, o que podemos fazer pelas notas de vários conceitos (como os de direito e de equidade, e os do músico,

11 Descartes, idem, p.61.

> quando ao improvisar toca simultaneamente muitas notas). Ao contrário, clara é uma representação cuja consciência é suficiente para a *consciência da sua diferença* de outras representações.

Em termos cartesianos, portanto, ela é "distinta" sem que sua verdade seja, no entanto, garantida, tal como crê o *Discours de la méthode*. Kant continua: "Em verdade, se a consciência fosse suficiente para a distinção mas não para a consciência da diferença, então a representação teria ainda que ser denominada obscura. Logo, há infinitamente muitos graus de consciência até a extinção".[12] A ele não ocorreu, como também não ocorreu a Leibniz, desvalorizar todos esses graus salvo o grau supremo e ideal. Este, entretanto, é utilizado como clareza pelo conceito científico de conhecimento, como se fosse um em si disponível a qualquer momento e à vontade, e como se não tivesse se mostrado como uma hipóstase na era pós-cartesiana. Racionalista no sentido histórico, o ideal de clareza atribui ao conhecimento algo que nivela *a priori* seu objeto, como se ele devesse ser um objeto estático-matemático. Mas a norma de clareza vale pura e simplesmente apenas na medida em que se pressupõe que o próprio objeto seja de tal gênero que ele se deixe fixar pelo sujeito, como as figuras geométricas são fixadas pelo olhar. Ao
334 se afirmar isso de modo geral, // decide-se de antemão sobre o objeto, pelo qual, entretanto, o conhecimento deveria se guiar, no sentido mais simples da *adaequatio* escolástica e cartesiana. A clareza só pode ser exigida de todo conhecimento ao se convir que as coisas estão purificadas de toda dinâmica que as subtrai-

12 Kant, *Crítica da Razão Pura*. São Paulo: Abril Cultural, 1983, p.206 (B 414), trad. Valerio Rohden.

riam do olhar que as mantém na univocidade. O desiderato da clareza torna-se duplamente questionável tão logo o pensamento consequente descobre que aquilo sobre o que ele filosofa não se movimenta diante do conhecedor como se estivesse dentro de um veículo, mas que é em si movimento, livrando-se assim da última semelhança com a *res extensa* cartesiana, com o que é extenso no espaço. Correlata a essa ideia forma-se aquela segundo a qual o próprio sujeito não repousa sobre um tripé como uma câmera, mas ele também se move, em virtude de sua relação com o objeto em si mesmo em movimento – uma das doutrinas centrais da *Fenomenologia* hegeliana. Diante disso, a exigência simplista de clareza e distinção torna-se obsoleta. Em meio à dialética, as categorias tradicionais não permanecem intactas, mas a dialética permeia cada uma delas e altera sua complexidade inerente.

Apesar disso, com a distinção primitiva do claro e do obscuro, a práxis do conhecimento se vincula a uma medida que seria adequada apenas a um sujeito e objeto estáticos. Sem dúvida, ela o faz por zelo complacente com as atividades especializadas das ciências particulares, que se dão seus objetos e domínios de objetos de modo irrefletido, estabelecendo normas dogmáticas para a relação do conhecimento com tais objetos. Clareza e distinção possuem por modelo uma consciência reificada das coisas. De fato, em uma discussão anterior sobre o ideal de clareza, Descartes, inteiramente no espírito de seu sistema, fala de um modo ingênuo realista:

> E, tendo notado que nada há no *eu penso, logo existo*, que me assegure de que digo a verdade, exceto que vejo muito claramente que, para pensar, é preciso existir, julguei poder tomar por regra geral que as coisas que concebemos mui clara e mui distintamente são

> todas verdadeiras, havendo apenas alguma dificuldade em notar bem quais são as que concebemos distintamente.[13]

Na dificuldade observada por Descartes, de notar corretamente aquilo que compreendemos distintamente, reacende
335 timidamente a memória de que, // nos atos cognitivos do sujeito, os objetos não se adéquam de maneira simples àquela demanda. Do contrário, sua clareza e distinção, seus atributos de verdade, não poderiam apresentar dificuldades. Mas, uma vez que se reconhece que clareza e distinção não são simples caracteres do dado, não são propriamente dadas, não se pode avaliar a dignidade dos conhecimentos em termos de quão claro e inequívoco eles se apresentam. A consciência entra necessariamente em contradição com a ambição cartesiana tão logo ela deixa de compreender os objetos como reificados, como fotografáveis. A consciência reificada deixa os objetos se solidificarem num em-si para serem disponíveis à ciência e à práxis como se fossem algo para outro. Sem dúvida, não se pode negligenciar sumariamente a exigência de clareza, a filosofia não pode sucumbir à confusão e destruir sua própria possibilidade. Aquilo que deveria ser salvo é a necessidade da expressão atingir exatamente a coisa exprimida, inclusive lá onde a coisa contradiz a visão comum de algo que pode ser indicado claramente. Também nisso a filosofia se situaria diante de um paradoxo: dizer claramente o que não é claro, o que não tem contornos precisos, que resiste à reificação, de modo que os momentos que escapam ao olhar imobilizador, ou que não

---

13 Descartes, *Discurso do Método*. São Paulo: Abril Cultural, 1973, 4ª parte, p.55, trad. J. Guinsburg e Bento Prado Júnior.

são acessíveis em geral, sejam eles próprios descritos com a máxima distinção. Mas isso não é uma exigência simplesmente formal, e sim uma parte da própria substância da filosofia. Tal exigência é paradoxal porque linguagem e processo de reificação estão imbricados. Já a forma da cópula, do "é", procura realizar a intenção, que a filosofia procura corrigir, de pinçar o objeto. Nessa medida, toda linguagem filosófica é uma linguagem contra a linguagem, marcada pelo estigma de sua própria impossibilidade. A posição dilatória de que a exigência da clareza não valeria nem imediatamente, nem para o elemento isolado, mas que ela seria alcançada por meio do todo, algo que o Hegel sistemático podia ainda esperar sem conseguir cumprir sua promessa, não vai longe o suficiente. Na verdade, a filosofia escapa a essa exigência, mas na negação determinada. Ela tem de fazer sua essa coisa, inclusive na exposição; dizer concretamente aquilo que ela não pode dizer, tentar explicar
336 os limites imanentes // da própria clareza. Ela faria melhor ao dizer que desaponta a esperança de satisfazer plenamente sua intenção em todo momento, todo conceito e sentença, em vez de deixar-se intimidar pelo sucesso das ciências particulares, emprestando destas uma norma, diante da qual ela deve entretanto ir à bancarrota. A filosofia lida com o que não tem seu lugar em uma ordem previamente dada pelos pensamentos e objetos, como acreditava o racionalismo ingênuo. Ela lida com aquilo que não pode simplesmente utilizar esta ordem como um sistema de coordenadas e ser nela reproduzido. A teoria da cópia do antigo realismo entrincheira-se na norma da clareza da crítica do conhecimento, sem se preocupar com seus próprios resultados. Somente esse realismo permite crer que todo objeto pode ser espelhado sem problemas ou disputas. Entre-

tanto, a filosofia tem de refletir também sobre a objetividade, a determinação, o preenchimento das condições, bem como sobre a linguagem e sua relação com a coisa. Na medida em que se esforça permanentemente por romper com a reificação da consciência e das coisas, a filosofia não pode condescender com as regras do jogo da consciência reificada sem negar a si mesma, muito embora não seja de resto permitido simplesmente desprezar aquelas regras caso ela não queira degenerar num balbucio. A fórmula de Wittgenstein: "Sobre aquilo de que não se pode falar, deve-se calar",[14] em que o positivismo extremo veste-se de uma autenticidade respeitosa e autoritária, e que por isso exerce um tipo de sugestão intelectual de massa, é pura e simplesmente antifilosófica. Se a filosofia pudesse ser de algum modo definida, ela seria o esforço para dizer aquilo sobre o que não se pode falar; expressar o não idêntico, apesar da expressão sempre identificá-lo. Hegel procurou isso. Dado que o não idêntico jamais pode ser imediatamente expresso, pois todo imediato é falso – e por isso necessariamente não claro na expressão –, Hegel o diz de modo incansavelmente mediado. E é principalmente por isso que ele apela à totalidade, tão problemática ela seja. A filosofia que, em nome da sedutora lógica formal matemática, cessa de fazer essa remissão à totalidade, nega *a priori* seus próprios conceitos, seu projeto, e uma parte constitutiva deste projeto é suspender a impossibilidade que Wittgenstein e seus adeptos transformaram num tabu da razão sobre a filosofia, um tabu que abole virtualmente a própria razão.

14 Ludwig Wittgenstein, *Tractatus logico-philosophicus*. São Paulo: Edusp, 2001, p.281, trad. Luiz Henrique Lopes dos Santos.

337 // Raramente se esboçou uma teoria da clareza filosófica; em vez disso, seu conceito foi utilizado como autoevidente.[15] Em Hegel, a clareza nunca poderia ser um tema; no máximo isso ocorre *e contrario*, lá onde ele defende Heráclito: "O obscuro dessa filosofia repousa principalmente no fato de que, nela, é expresso um pensamento especulativo profundo; este é sempre difícil e obscuro para o entendimento: a matemática, pelo contrário, é completamente fácil. O conceito, a ideia é contra o entendimento" – em oposição à razão – "e não pode ser compreendido por ele".[16] Nas *Ideias* de Husserl, o desiderato de clareza não é tratado literalmente, mas em termo de sentido. Nesse livro, o conceito de exatidão sem dúvida deve ser igualado ao conceito tradicional de clareza. Husserl o reserva para as multiplicidades matemáticas definidas[17] e pergunta

15 Foi sem dúvida Alfred North Whitehead quem chegou mais perto disso em suas especulações metafísicas no livro *Adventure of Ideas* (Nova York, 1932). Apenas poderia haver clareza e distinção quando o "sujeito" fosse posto como estritamente idêntico com o "cognoscente", e o "objeto" com o "conhecido": "Nenhum tópico sofreu mais dessa tendência do que a versão filosófica da estrutura sujeito objeto da experiência. Em primeiro lugar, essa estrutura foi identificada com a mera relação de cognoscente e conhecido. O sujeito é o cognoscente, o objeto é o conhecido. Assim, com essa interpretação, a relação sujeito-objeto é a relação cognoscente--conhecido. Segue daí que quanto mais claramente se destaque qualquer instância dessa relação diante da discriminação, mais seguramente podemos utilizá-la para a interpretação do *status* da experiência no universo das coisas. Daí o apelo de Descartes à clareza e distinção" (p.225).

16 Hegel, WW 17, p.348.

17 Cf. Edmund Husserl, *Ideias para uma fenomenologia pura e para uma filosofia fenomenológica: introdução geral à fenomenologia pura*. Aparecida: Ideias & Letras, 2006, p.158, trad. Márcio Suzuki.

se seu próprio método fenomenológico deveria ou poderia ser constituído como uma "'geometria' do vivido":[18] "Temos, pois, de buscar também aqui um sistema axiomático definido e erigir sobre ele teorias dedutivas?".[19] Sua resposta vai mais longe do que aquele método. Ele percebeu que a possibilidade de derivação das teorias dedutivas de um sistema definido de axiomas não pode ser decidida metodologicamente, mas unicamente a partir do conteúdo. Isso toca a chamada exatidão da formação dos conceitos, que, segundo Husserl, é uma condição da teoria dedutiva. Ela não seria:

> [dependente] de nosso livre-arbítrio, e de nossa arte lógica, mas
> pressupõe, no tocante aos conceitos axiomáticos pretendidos,
> que precisam ser atestáveis em intuição imediata, *exatidão na própria*
> **338** *essência apreendida.* Em que medida, // porém, essências "exatas" são
> encontráveis num domínio eidético, e se essências exatas podem
> estar na base de todas as essências apreendidas em intuição efetiva
> e, com isso, também na base de todos os componentes dessas es-
> sências, isso depende inteiramente da especificidade do domínio.[20]

No parágrafo seguinte, Husserl diferencia as ciências exatas das descritivas e diz das últimas:

> A vagueza dos conceitos, a circunstância de que têm esferas fluidas de aplicação, não é uma mácula que lhes deve ser impingida, pois, para a esfera do conhecimento a que servem, eles são pura

18 Ibidem, p.155.

19 Ibidem, p.159.

20 Ibidem.

e simplesmente imprescindíveis, ou melhor, são os únicos que não se justificam. Se é preciso trazer à expressão conceitual adequada os dados materiais intuitivos em seus caracteres eidéticos intuitivamente dados, isso significa tomá-los tais como se dão. E eles não se dão justamente senão como dados fluidos, e essências típicas neles só podem ser trazidas à apreensão na intuição eidética que os analisa imediatamente. A mais perfeita geometria e o mais perfeito domínio prático dela não podem ajudar o cientista natural descritivo a trazer justamente à expressão (em conceitos geométricos exatos) aquilo que ele exprime de maneira simples, compreensível e plenamente adequada com as palavras "denteado", "chanfrado", "lenticular", "umbeliforme" etc. – meros conceitos que são *essencialmente e não casualmente inexatos* e, por isso, também não matemáticos.[21]

Assim, como fluidos, os conceitos filosóficos diferenciam-se dos conceitos exatos devido à natureza daquilo de que tratam. Mas isso ao mesmo tempo dita limites à visão husserliana. Husserl aquiesce com a disjunção reflexivo filosófica entre o fixo e o fluido, enquanto que a dialética hegeliana determina a ambos, cada qual sempre como mediado em si pelo outro. Mas aquilo que concede o lógico Husserl, que se junta de bom grado ao coro dos que censuram Hegel devido a sua crítica ao princípio de contradição, vale de certo modo para o próprio Hegel, que, de modo muito mais enérgico do que Husserl, quis formar os conceitos de uma forma tal que a vida das coisas aparecesse neles próprios, e não apenas segundo o abstrato ideal de conhecimento da clareza:

21 Ibidem, p.160.

> Inteiramente imerso tão somente na coisa, ele parecia desenvolvê-la apenas a partir dela mesma, apenas em vista dela e raramente a partir do seu próprio espírito, tendo em vista os ouvintes, e mesmo assim ela se originava tão somente dele e um cuidado
> **339** quase paternal pela clareza atenuava a seriedade // obstinada que poderia ter repelido a aceitação de pensamentos tão penosos.[22]

Se a exigência da clareza se complica linguisticamente devido ao fato de a linguagem não permitir atualmente clareza às próprias palavras – também sob este aspecto o ideal da clareza converge com o ideal matemático –, ao mesmo tempo a clareza linguística depende da posição do pensamento em relação à objetividade, na medida em que somente o que é verdadeiro se deixa dizer com clareza absoluta. A transparência total da expressão não depende apenas da relação entre esta e o assunto representado, mas da validade do juízo. Se o juízo é infundado ou representa uma conclusão falsa, ele se fecha à formulação adequada; e enquanto não possui a coisa em sua totalidade, ele se torna vago em relação a ela. A própria linguagem, que não é nenhum índice do verdadeiro, é não obstante um índice do falso. Mas, se o veredicto de Hegel, segundo o qual filosoficamente falando nenhuma sentença isolada seria verdadeira, guarda sua força para além dele, então toda frase deveria ser confrontada com sua insuficiência linguística. Hegelianamente falando, seria possível dizer – certamente sem cuidado em relação à sua própria práxis linguística – que a falta de clareza

22 H. G. Hotho, *Vorstudien für Leben und Kunst*, Stuttgart; Tubinga, 1835, p.386.

que incansavelmente se censura nele não é simples fraqueza, mas é também o motor que o conduz a corrigir a inverdade do particular, uma inverdade que se manifesta na ausência de clareza do singular.

O melhor de tudo seria uma linguagem filosófica que fizesse jus à necessidade de insistir na inteligibilidade sem confundi-la com clareza. Enquanto expressão da própria coisa, a linguagem não se esgota na comunicação, na transmissão a outros. Mas ela também não é, e Hegel sabia disso, pura e simplesmente independente da comunicação. Do contrário ela escaparia a toda crítica, mesmo em sua relação com a coisa, rebaixando tal relação a uma pretensão arbitrária. Linguagem como expressão da coisa e linguagem como transmissão estão intimamente ligadas. A capacidade de nomear a própria coisa se desenvolveu diante da obrigação de transmiti-la e ela conserva essa obrigação, do mesmo modo que, inversamente, a linguagem jamais poderia comunicar algo que ela própria, desviada por outras considerações, não tivesse tido como sua própria intenção. Essa dialética acontece no próprio *medium* da linguagem; não é apenas o pecado original de um zelo social inumano que insiste nada poder ser pensado que não seja comunicável.
340 Nem o procedimento linguístico mais íntegro // pode eliminar o antagonismo entre o em-si e o para-outro. Mas, enquanto a poesia pode passar por cima desse antagonismo, a filosofia é coagida a levá-lo em conta. Isso é dificultado pelo momento histórico, em que a comunicação ditada pelo mercado – sintoma da substituição da teoria da linguagem pela teoria da comunicação – pesa sobre a linguagem de modo tal que esta é forçada a denunciar a comunicação para resistir à conformidade daquilo que, no positivismo, chama-se "linguagem ordinária". É prefe-

rível que a linguagem se torne incompreensível do que desfigurar a coisa por meio de uma comunicação que lhe impede de ser comunicada. Mas o esforço linguístico do teórico termina num limite que a linguagem deve respeitar, caso não queira sabotar a si mesma, seja por fidelidade, seja por infidelidade. O momento da universalidade na linguagem, sem o qual ela não seria linguagem, fere irrevogavelmente toda a determinidade objetiva do particular, o qual ela deseja determinar. O esforço em direção à compreensibilidade, mesmo que sempre difícil de reconhecer, é um corretivo. Essa compreensibilidade permanece um contrapeso à objetividade linguística pura. Unicamente na tensão de ambos floresce a verdade da expressão. Essa tensão, entretanto, não é a mesma coisa que o mandamento vago e brutal da clareza, que geralmente culmina no fato de que se deve por fim falar como todos falam, renunciando assim a dizer aquilo que seria diferente e que apenas poderia ser dito de modo diferente. O mandamento da clareza impõe à linguagem uma exigência fútil, que ele deseja ver satisfeita ininterruptamente, aqui, agora e imediatamente. Ele pede algo que a linguagem não pode garantir na imediatez de suas palavras e sentenças, mas apenas em sua configuração e apenas de modo fragmentário. Melhor seria um procedimento que evitasse cuidadosamente definições verbais como meras etiquetas, modelando os conceitos ao levar em conta, da maneira mais fiel, o que eles dizem na linguagem, ou seja, fazendo deles virtualmente nomes. A fenomenologia "material" tardia ao menos sempre foi uma escola preparatória para isso. O esforço do *sensorium* linguístico para atingir a pregnância é nesse sentido muito maior do que conservar mecanicamente as definições uma vez decretadas. Quem se faz escravo das próprias palavras facilita a tarefa para si mesmo ao

colocá-las diante das coisas, mesmo que, no fundo, ele esteja
341 complicando-a. Esse procedimento // é inadequado. Pois, na linguagem empírica, as palavras não são nomes puros, mas sempre ao mesmo tempo θέσει,[23] produtos da consciência subjetiva que, nessa medida, também se assemelham às definições. Quem o ignora, deixa-as à mercê de uma segunda relatividade ao acreditar arrancá-las da relatividade da definição, que é um resíduo de segunda arbitrariedade. A linguagem filosófica não possui nenhum remédio contra isso, a não ser utilizar com cuidado aquelas palavras, que necessariamente falhariam caso fossem usadas literalmente como nomes, de modo tal que a arbitrariedade diminua com sua posição. A configuração linguística e o olhar intensamente focado sobre a palavra singular se completam. Juntas, elas explodem o acordo medíocre, a camada pegajosa entre a coisa e a compreensão. O procedimento linguístico verdadeiro seria comparável ao de um imigrante que aprende uma língua estrangeira. Impaciente e sob pressão, ele tende a operar menos com o dicionário do que ler tudo aquilo a que tem acesso. Dessa forma, muitas palavras se revelarão graças ao contexto, mas permanecerão extensamente circundadas por um halo de indeterminação, suportarão confusões risíveis, até que, por meio da riqueza de combinações em que aparecem, elas se desmistificam totalmente e melhor do que permitiria um dicionário, no qual a escolha dos sinônimos está presa a todas as limitações lexicográficas e à falta de sofisticação linguística.

Aparentemente, uma razão não insignificante da resistência característica do texto hegeliano é o fato de Hegel acreditar, numa confiança exagerada no Espírito objetivo, ser capaz de escapar

---

23 Instituições ou ordenações (em grego, no original). (N. T.)

de semelhante impacto do elemento estrangeiro, de dizer o indizível na forma ordinária da linguagem. Entretanto, os elementos que se encontram em Hegel – conceitos, juízos e silogismos – não se tornam incompreensíveis. Eles apenas apontam para além de si mesmos e, já segundo sua própria ideia, não podem ser realizados enquanto isolados, como, de resto, os próprios elementos da linguagem extrafilosófica, que simplesmente ignora que tal verdade é também para ela. Sob esse aspecto, a tarefa de compreender a filosofia, sobretudo a filosofia hegeliana, seria compreender aquilo que deveria se opor à norma corrente da clareza: pensar o visado inclusive lá onde todas as suas implicações não podem ser representadas

342 de modo *clare et distincte*. // Do ponto de vista da ciência, há um momento de irracionalidade na própria racionalidade filosófica, e resta à filosofia absorver esse momento sem com isso se inscrever no irracionalismo. O método dialético como um todo é a tentativa de romper com essa proposta ao se libertar do encanto do momento e se desenvolver em uma estrutura conceitual de grande envergadura. No horizonte de uma vagueza indelével, a experiência filosófica não pode prescindir da evidência exemplar do "as coisas são assim". Ela não deve se deter nisso; mas aquele para o qual essa evidência não cintila na leitura de qualquer passagem substancial da *Lógica* hegeliana, aquele que não nota o que se atinge aqui, mesmo que de maneira não inteiramente articulada, compreenderá tão pouco quanto o que se extasia ante a vagueza do sentimento filosófico. Os fanáticos da clareza gostariam de extinguir tais brilhos súbitos de iluminação. Para eles, a filosofia deve pagar em espécie, sem atraso, e a participação nela é avaliada no balanço final segundo o modelo de custos do trabalho, que deve ter sua remuneração equivalente. Mas a filosofia é o protesto contra o princípio da equivalência, daí que ela não seja burguesa mesmo quando é burguesa. Quem exige dela "equivalentes" – "por que devo me interessar por isso?" – se engana sobre seu elemento vital, o ritmo de continuidade e intermitência da experiência intelectual.

A determinação da filosofia como uma configuração de momentos é qualitativamente diferente da univocidade desses momentos no interior da configuração, pois a própria configuração é algo diferente e maior do que a quintessência dos momentos. Constelação não é sistema. Tudo não se resolve, tudo não se torna compreensível nela, mas um momento lança luz sobre o outro, e as figuras que os momentos particulares formam são um signo determinado e um escrito legível. Isto não se encontra articulado em Hegel, cujo modo de exposição se comporta de modo soberanamente indiferente em relação à linguagem, sem penetrar no quimismo de sua própria forma linguística. A esta, dada a confiança demasiado simples de Hegel na totalidade, faz falta a agudeza da autoconsciência crítica que a dialética introduziu na linguagem juntamente com a reflexão de sua inadequação necessária. Isso é fatal, pois suas formula-
343 ções, que // nem querem e nem poderiam ser conclusivas, soam
muitas vezes como se fossem. A linguagem de Hegel possui o gesto da doutrina. Motiva-o a preponderância da exposição oral sobre o texto escrito. A vagueza, algo que não pode ser eliminada da dialética, torna-se em Hegel um defeito, porque ele não inclui um antídoto a ela em sua linguagem, ainda que sua filosofia não o economize quando, ao tratar da própria coisa, acentue e finalmente elogie todos os modos de objetivação. Ele teria preferido escrever filosofia da maneira tradicional, sem que sua

linguagem mostrasse a diferença em relação à teoria tradicional. Seu intérprete leal deve levar em conta essa falha. Ele deveria fazer aquilo que Hegel não fez: produzir o máximo de pregnância possível para trazer à luz aquele rigor do movimento dialético que não se contenta com a pregnância. A norma da filologia, em todo caso problemática, que consiste em fazer sobressair o sentido subjetivo do autor, se ajusta melhor a Hegel do que a qualquer outro. Pois seu método, indissociável da coisa, quer deixar a coisa se mover e não desenvolver reflexões próprias. Seus textos, por isso, não adquiriram uma forma acabada, e isso significa necessariamente individuados – porque inclusive seu meio intelectual não foi formado do modo como se pensou nos últimos cento e cinquenta anos. Na época de Hegel, dava-se ao leitor palavras-chaves, entradas, quase como em música. Essa comunicação *a priori* tornou-se então, na grande *Lógica*, fermento de um texto não comunicativo, tornando-o hermético.

A censura mais conhecida contra a suposta não clareza de Hegel é aquela das equivocidades; mesmo a *História da filosofia* de Überweg[24] a repete. A filosofia de Hegel seria prenhe dessas equivocidades. Assim se lê no início da *Lógica subjetiva*:

> Não se pode indicar de modo imediato o que é *a natureza do conceito*, assim como não se pode estabelecer de modo imediato o conceito de qualquer objeto [...]. Mesmo que o conceito não possa ser visto apenas como uma pressuposição subjetiva, mas como *fundamento absoluto* [*absolute Grundlage*], ele só pode sê-lo ao

24 Cf. Friedrich Überweg, *Grundriß der Geschichte der Philosophie*, IV, reeditada por T. K. Oesterreich, Berlim, 1923, p.87.

> se *constituir* a si mesmo em fundamento. O imediato abstrato é certamente *algo primeiro*; mas, como esse abstrato é algo mediado,
> 344 se quisermos apreendê-lo em sua verdade, // devemos primeiramente procurar seu fundamento. Mas esse fundamento só pode ser imediato na medida que se tenha tornado algo imediato a partir da superação da mediação.[25]

O conceito de conceito é utilizado diferentemente nas duas vezes sem questionamento. Uma vez de modo enfático, como "fundamento absoluto", portanto objetivamente no sentido da própria coisa, que é essencialmente Espírito. Mas os conceitos não devem ser apenas isso, eles devem ser ao mesmo tempo a "pressuposição subjetiva", algo feito, sob o qual o pensamento subsume seu outro. A terminologia é confusa porque também no segundo caso não é escolhido, como seria de se esperar, o plural, mas o singular, provavelmente porque, em princípio, ao conceito hegeliano de conceito pertence igualmente o fato de ele ser o resultado da síntese subjetiva, assim como o fato de ele expressar o em-si da coisa. A compressão é facilitada, diferentemente de muitas outras equivocidades hegelianas, pelo fato de as diferenças de ambos os conceitos de conceito serem o tema do capítulo "Do conceito em geral". Mas Hegel fornece a justificação dessa equivocidade algumas páginas adiante, quando desenvolve a unidade de ambos os conceitos de conceito:

> Eu me restringirei a uma observação que pode servir para a apreensão dos conceitos aqui desenvolvidos e que pode facilitar

25 Hegel, WW 5, p.5 [*Ciência da Lógica*, trad. cit., p.173].

> a orientação neles. O conceito, na medida em que cresceu para uma existência [*Existenz*] que é ela mesma livre, não é nada mais senão o *eu* ou a consciência de si pura. Eu certamente *tenho* conceitos, isto é, conceitos determinados; mas o eu é o puro conceito mesmo, que como conceito chegou à existência [*Dasein*].[26]

O conceito objetivo, segundo Hegel aquele da coisa mesma, aquele que se desenvolveu para ser sua existência, que se tornou o ser em-si, segundo a tese geral do sistema hegeliano, é ao mesmo tempo a subjetividade. Por isso o lado nominalista do conceito, como algo formado subjetivamente, coincide finalmente com o realista, do conceito como ser em-si que, no curso das mediações da *Lógica*, deve ser mostrado propriamente como sujeito, como Eu. Essa estrutura é prototípica do caráter medíocre das objeções contra as equivocidades hegelianas. Lá onde Hegel é formalmente culpado de equívocos, trata-se na maioria das vezes de pontos que se referem à explicação de como dois momentos distintos são diferentes e igualmente relativos a uma coisa só. Objeções transcendentes a Hegel quase não o alcançam. Elas têm como fundamento o princípio
345 de identidade: // os termos deveriam ser mantidos na significação uma vez dada a eles pela definição. Isso é um nominalismo puro; conceitos não devem ser senão marcas de identificação das unidades características de uma multiplicidade. Quanto mais impregnados de subjetividade eles forem, menos se deve sacudi-los, arriscando-se a revelar algo que eles têm de exterior, uma qualidade artificial. O senso comum racionaliza o problema ao afirmar que a violação da definição destrói a ordem

26 Ibidem, p.13 e ss. [*Ciência da Lógica*, trad. cit., p.180].

do pensamento. Tal posição parece inabalável por se basear em uma concepção que não deseja saber nada sobre o objeto que poderia desmentir aquilo que lhe foi imposto pelo Espírito subjetivo. Essa concepção resiste energicamente à experiência que deseja fazer falar a própria coisa, talvez por suspeitar que, diante dessa experiência, o próprio conceito de verdade, aparentemente incorruptível, fosse levado à confissão de sua inverdade. O nominalismo pertence à pedra fundamental da burguesia primitiva e se alia, nas mais distintas fases e nações, à consolidação das relações urbanas, cuja ambivalência está sedimentada nele. Ele contribui para libertar a consciência da pressão da autoridade do conceito, que se estabeleceu como universalidade prévia ao desmistificá-lo como simples abreviação das particularidades encobertas por ele. Mas esse esclarecimento é sempre ao mesmo tempo também o seu oposto: hipóstase do particular. Nessa medida, o nominalismo encoraja a burguesia a suspeitar, como se fosse mera ilusão, de tudo aquilo que poderia inibir os indivíduos isolados em sua *pursuit of happiness*, na caça irrefletida da vantagem pessoal. Nada de universal deveria existir que arrancasse os véus do particular, que arrancasse a crença de que sua contingência seria sua lei. "O que é afinal o conceito?" – o gesto exprime sempre ao mesmo tempo algo mais, que o indivíduo tem que ganhar dinheiro e que isso seria mais importante do que todo o resto. Se o conceito fosse autônomo a ponto de não se esgotar nas particularidades nas quais ele se compõe, então o princípio de individuação burguês seria atingido em seu núcleo. Mas esse princípio é defendido ainda mais maliciosamente por ser ele próprio ilusão, posto que por meio dos interesses individuais realiza-se a falsa universalidade
346 que novamente enterra sob si tais interesses. Essa ilusão // é

mantida compulsivamente porque, se não fosse assim, os por ela enfeitiçados não poderiam nem mais continuar sem contestação, nem acreditar na metafísica do "aquilo que é meu, é meu", a sacralidade da propriedade pura e simples. Sob este aspecto, a individualidade é o sujeito que se torna propriedade. O nominalismo anti-ideológico é ideologia desde o começo. A lógica de Hegel queria trazer à luz essa dialética com seus próprios meios, que não são transparentes à sociedade, com o resíduo ideológico de que, para o liberal, o universal que reina nos indivíduos particulares e acima deles se transfiguraria em algo positivo. Apenas essa forma de virada ideológica permite a Hegel neutralizar a dialética social do universal e do particular tornando-a uma lógica dialética. Ao ser proclamado realidade, o conceito, que em Hegel em todo caso deve ser a própria realidade, permanece conceito. Mas, para Hegel, assim como para Platão, a medida do conceito é a exigência da própria coisa e não a atividade definidora do sujeito. Por isso ele suspende a identidade do conceito como critério da verdade. Mas é apenas essa identidade que degrada em equivocidade o que altera os significados dos conceitos a fim de satisfazer o próprio conteúdo.

Todavia, Hegel não revogou pura e simplesmente o princípio de identidade, mas limitou-o. A seu modo, ele ao mesmo tempo o respeitou e o desprezou. É apenas através do princípio de identidade, ou seja, na medida em que a vida da coisa expressa pelo conceito é relacionada com o significado uma vez fixado, e na medida em que o antigo significado é então protestado como inválido, que se constitui em geral o outro significado. Hegel trata os termos impensadamente, assim como a linguagem não filosófica trata de maneira ocasional muitas de suas palavras e classes de palavras. Enquanto nes-

sas palavras algumas camadas de significados permanecem constantes, outras são adquiridas de acordo com o contexto. A linguagem filosófica se forma nessa medida sobre a linguagem ingênua, enquanto que, cética em relação à linguagem científica, fluidifica por meio do contexto a rigidez daqueles sistemas de definição. Essas equivocidades ocasionais criam, em Hegel, expressões tais como a do "imediato", que ele utiliza a torto e a direito. Quando ele quer dizer que a mediação estaria na própria coisa e não entre coisas, Hegel utiliza o "imediato" para significar o mediato: dizer que uma categoria é
347 imediatamente seu // contrário significa dizer que ela seria em si mesma também seu contrário, ao invés de ser seu contrário apenas por meio da referência a algo externo. "Assim, a reflexão excludente é o pôr do positivo como excluindo o outro, de modo que esse pôr imediatamente é o pôr de seu outro, é o que o exclui. Essa é a contradição absoluta do positivo, porém ela é imediatamente a contradição absoluta do negativo; o pôr de ambos é uma única reflexão".[27] De acordo com isso, a própria mediação é imediata, pois o posto, o mediado, não é nada de diferente daquilo que é primeiro, pois ele mesmo já é posto. De modo semelhante, mas ainda mais radical, lê-se mais adiante em uma observação: "É muito importante que seja notada a identidade não mediada da forma, tal como ela é posta aqui, ainda fora do conteúdo da própria coisa e sem o seu movimento. Ela ocorre na coisa tal como é em seu começo. Assim, o Ser puro é imediatamente o nada".[28] "Imediatamente" soa aqui simplesmente paradoxal; mas o que ele quer dizer é

27 WW 4, p.536 [*Ciência da Lógica*, trad. cit., p.157].
28 Ibidem, p.658 e ss.

que o nada não é uma categoria adicionada do exterior ao Ser puro, mas sim que o Ser puro, como pura e simplesmente indeterminado, é em si mesmo nada. A análise terminológica da linguagem hegeliana poderia fazer uma lista completa dessas equivocidades e supostamente iluminá-las. Ela deveria se ocupar também com termos técnicos, como "reflexão". Segundo uma distinção comum ao idealismo pós-kantiano, esse termo cobre o uso finito e limitado do entendimento e, de modo um pouco mais abrangente, a atitude positivista-científica como um todo. Mas ele cobre também, na grande arquitetura da *Ciência da Lógica*, as "determinações da reflexão", portanto a reflexão crítica da doutrina objetiva, primeira, quase aristotélica das categorias, que é convencida de seu caráter ilusório e conduzida para o enfático conceito do conceito. Por outro lado, as equivocidades podem ser realmente equívocos: artifícios filosóficos por meio dos quais a dialética do pensamento quer se realizar linguisticamente, e, por vezes, antecipando o que faz Heidegger, com uma tendência algo violenta para tornar os assuntos linguísticos independentes em relação aos conteúdos visados, mas certamente com menos veemência que Heidegger e, por isso, de forma mais inocente. Já na *Fenomenologia* Hegel faz malabarismos com a "Rememoração" [*Erinnerung*]:

> Enquanto sua perfeição [do Espírito] consiste em *saber* perfeitamente o que *ele é* – sua substância –, esse saber é então seu
> 348 // *adentrar-se em si*, no qual o espírito abandona seu ser-aí e confia sua figura à rememoração. No seu adentrar-se em si, o Espírito submergiu na noite de sua consciência-de-si; mas nela se conserva seu ser-aí que desvaneceu; e esse ser-aí suspenso – o [mesmo] de antes, mas recém-nascido [agora] do saber – é o novo ser-aí,

um novo mundo e uma nova figura-de-espírito. Nessa figura, o Espírito tem de recomeçar igualmente, com espontaneidade em *sua* imediatez; e [partindo] *dela*, tornar-se grande de novo – como se todo o anterior estivesse perdido para ele, e nada houvesse aprendido da experiência dos espíritos precedentes. Mas a *re-memoração* [*Er-innerung*] os conservou; a rememoração é o interior, e de fato, a forma mais elevada da substância. Portanto, embora esse espírito recomece desde o princípio sua formação, parecendo partir somente de si, ao mesmo tempo é de um nível mais alto que [re]começa.[29]

A equivocidade funcional mais conhecida é aquele com o termo "*aufheben*" [superar/ negar conservando, suspender], mas é possível observar a técnica também em casos mais sutis, em jogos de palavras secretos como os que Hegel realiza com o conceito de nada. Essas figuras de linguagem não devem ser tomadas ao pé da letra, mas ironicamente, como travessuras. Sem pestanejar, Hegel usa a linguagem para convencer a linguagem da vã presunção de seu sentido, que satisfaria a si mesmo. A função da linguagem nessas passagens não é apologética, mas crítica. Ela desautoriza o juízo finito que, em sua particularidade, comporta-se como se possuísse a verdade absoluta, de forma objetiva, como se, no fundo, não agisse contra ela. A equivocidade deseja demonstrar, com meios lógicos, a inadequação entre a lógica estática e a coisa mediada em si mesma, em sua própria essência de devir. A virada da lógica contra si mesma é o sal dialético de tais equivocidades. A concepção corrente da equivocidade não

29 WW 2, p.619 [*Fenomenologia do Espírito*. São Paulo: Vozes, 2003, p.544, trad. de Paulo Meneses, levemente modificada].

deve ser aceita como tal, sem crítica. A análise semântica, que disseca as equivocidades, é necessária, mas não é de modo nenhum condição suficiente dos estudos linguísticos dos textos de filosofia. Na verdade, não pode entender filosofia quem não separa, por exemplo, os significados dos termos "imanente" e o correlativo "transcendente", levando em questão os significados lógicos (se uma consideração interna às pressuposições dos teoremas é válida ou não), os significados epistemológicos (se o pensamento procede da imanência da consciência, o as-
349 sim chamado // contexto do dado interiormente ao sujeito) e os significados metafísicos (se o conhecimento se mantém nos limites da experiência possível). A escolha de palavras iguais para γένη[30] distintos não é, entretanto, contingente na terminologia corrente. Assim, os significados metafísicos e epistemológicos do transcendente estão num mesmo contexto. O transcendente epistemológico absoluto, a coisa em si kantiana, aquilo que não pode ser encontrado no chamado fluxo da consciência, seria também um transcendente metafísico. Hegel estende isso para a tese de que lógica e metafísica seriam uma só coisa. Já na lógica pré-dialética as equivocidades não mascaram diferenças absolutas, mas testemunham também a unidade do diferente. Seu esclarecimento necessita igualmente a intelecção [*Einsicht*] daquela unidade, bem como a marcação das diferenças. A filosofia dialética simplesmente conduz um conteúdo, que se impõe na terminologia tradicional e na história contra sua vontade, à autoconsciência. As equivocidades hegelianas se nutrem desse conteúdo, mesmo que, em seu

30 Gêneros (em grego, no original). (N. T.)

pensamento, o momento da distinção degenere por vezes em favor de uma igualdade indiferenciada.

Mas, apesar dessas negligências, espalham-se nos escritos hegelianos declarações superlativas sobre a linguagem. A linguagem aparece "para o Espírito [...] como sua expressão perfeita",[31] como "o poder supremo entre os homens".[32] Também a *Lógica* não desvia disso. Ela trata do "elemento da comunicação": "no corpóreo, a água tem a função desse médium; no espiritual, na medida em que ocorre nele o análogo de uma tal relação, pode-se ver o signo em geral e, mais precisamente, a linguagem realizando essa função".[33] Uma tendência semelhante prepara a doutrina da *Fenomenologia* segundo a qual a linguagem pertence ao grau da cultura em que "a singularidade para si da autoconsciência [vem] como tal à existência", "de modo que ela é para outro".[34] De acordo com isso, parece que Hegel, de modo suficientemente surpreendente, não admitiu a linguagem, para a qual ele não obstante atribuiu um lugar no terceiro livro da *Lógica*, na esfera do Espírito objetivo, mas pensou-a essencialmente como "medium" ou como um "para outro", como portadora do conteúdo da consciência subjetiva ao invés de expressão da ideia. Não faltam traços nominalistas
350 em seu sistema, que protesta contra a // dicotomia habitual e se vê levado a absorver também o seu contrário, e cujo tom resiste à tentativa infrutífera de simplesmente revogar a crítica feita à independência do conceito. Tão logo voltou sua atenção para a linguagem, e para um contemporâneo de Humboldt

31 WW 10, § 411, Observação, p.246.

32 WW 3, p.211.

33 WW 5, p.203.

34 WW 2, p.390.

é surpreendente que ele tenha se ocupado tão pouco dela, Hegel quis enxergá-la mais como um meio de comunicação, no sentido atual, do que como aquele aparecer da verdade que, tal como na arte, a linguagem deveria ser para ele. Sua aversão a formulações artificiais e enfáticas está em harmonia com isso. Ele julga de modo pouco amigável a "linguagem espirituosa",[35] do Espírito alienado de si, da mera cultura. Os alemães sempre reagiram assim a Voltaire e Diderot. O ressentimento acadêmico contra a autorreflexão linguística que teria se afastado demasiadamente do consentimento medíocre já espreita Hegel. Sua indiferença estilística exorta a disposição fatal de fazer causa única com a consciência pré-crítica através da reflexão da reflexão e a reforçar, por meio do não ingênuo, a ingenuidade em sua complacência. É difícil que Hegel desejasse opor a linguagem ao consentimento, talvez porque sua própria experiência linguística, ou sua falta dela, se precipitasse nele. Sua práxis linguística obedece a uma representação levemente arcaica do primado da palavra falada sobre a escrita, como aquele que se prende obstinadamente ao seu dialeto. A observação de Horkheimer, muitas vezes repetida, de que apenas compreende Hegel corretamente aquele que sabe o dialeto suábio, não é uma simples observação superficial sobre as propriedades linguísticas, mas uma descrição do próprio gesto linguístico hegeliano. Ele não menosprezou a expressão linguística, não escreveu de modo professoral descuidando da expressão – algo que se inicia apenas no período de declínio das universidades –, mas elevou, seja inconscientemente ou não, sua relação cética com a linguagem, que se inclina à falta

35 Ibidem, p.405.

de articulação, a um princípio estilístico. Hegel foi forçado a isso por uma aporia. Ele desconfiou da expressão linguística despótica, quase brutal, e foi não obstante forçado a uma for-
351 ma linguística específica pela própria natureza especulativa // de sua filosofia, distanciada em toda parte do senso comum próprio à linguagem cotidiana. À sua maneira e sem parecer, sua solução foi inteiramente radical. Ao invés de se deixar levar em toda parte pelo jargão filosófico conhecido, como alguém que despreza a palavra inteiramente articulada da linguagem da cultura como se fosse algo dado de antemão e mecânico, ele desafiou paradoxalmente o princípio da fixação sem o qual não há nenhum princípio linguístico. Do mesmo modo como se fala hoje em dia de antimatéria, também os textos de Hegel são antitextos. Devido ao extremo da abstração atingida e requerida pelos seus textos mais longos envolver um esforço extremo do pensamento objetivante, que se liberta da imediatez da experiência subjetiva, seus livros não são propriamente livros, mas notadamente exposições orais. Muitas vezes, são um simples eco que, mesmo impresso, quer se manter livre. Excentricidades tais como aquela segundo a qual ele editou apenas as menores partes de sua obra, que a maioria dela, mesmo a forma detalhada de todo seu sistema, existe apenas nos cadernos de aula dos ouvintes ou como rascunhos manuscritos que só podem ser plenamente concretizados como notas: esses aspectos são inerentes à sua filosofia. Durante sua vida, Hegel foi aristotélico no sentido de que queria reduzir todos os fenômenos à sua forma. Ele procedeu assim até mesmo com o elemento contingente da preleção acadêmica. Seus textos são a ideia platônica a eles correspondentes. Que um pensamento, com uma exigência tão desmesurada, tenha renunciado a se

transmitir de um modo definitivo pode ser esclarecido apenas a partir de seu ideal de exposição, da negação da exposição. Ao mesmo tempo, o caráter descosido de sua exposição, que mesmo quando é muito elaborada é mais próxima da fala que da escrita, deve ser visto como um corretivo contra a *hybris* do conclusivo e do definitivo de que se acusou a obra de Hegel, mesmo durante sua vida. Essa característica não se refere apenas às partes do sistema que existem somente como auxílios à memória e que ele não publicou, exceto apenas de maneira condensada. Pelo contrário, ela se fortaleceu notadamente ao longo dos anos. A rigor, é possível enxergar a *Fenomenologia* como um livro, mas não a grande *Lógica*. Sua leitura faz lembrar a descrição que H. G. Hotho faz do professor Hegel em seu período berlinense:

> Exausto, mal-humorado, lá estava ele sentado, recolhido em si mesmo com a cabeça inclinada e, enquanto falava, folheava e
> **352** procurava continuadamente em seus longos cadernos, // para a frente e para trás, de cima a baixo, a tosse e o constante pigarro interrompiam o fluxo do discurso. Todas as frases permaneciam isoladas e vinham à tona penosamente, fragmentadas e em total desordem. Cada palavra e cada sílaba se desprendiam apenas a contragosto, numa voz metálica, para receber num dialeto suábio aberto uma ênfase assombrosamente exagerada, como se cada uma delas fosse a mais importante de todas [...]. Uma oratória que flui suavemente pressupõe ter chegado a termo com seu objeto, interna e exteriormente, e a destreza formal permite deslizar verborrágica e graciosamente no médio e no baixo alemão. Mas esse homem tinha de desafiar os pensamentos mais poderosos desde o solo mais profundo das coisas, e se elas tivessem um efeito vívido,

> deveriam ser novamente produzidas por ele num presente cada vez mais vivo, mesmo que tivessem sido ponderadas por muito tempo e retrabalhadas ao longo dos anos.[36]

O orador se rebela contra o em si endurecido da linguagem e acaba por bater a cabeça contra sua própria linguagem. Um vestígio dessa intenção pode ser visto no começo do primeiro capítulo do primeiro livro da *Lógica*, "Ser, puro Ser – sem nenhuma outra determinação",[37] um anacoluto que, semelhante à astúcia de Hebel, procura evitar que a expressão "imediatez indeterminada", mesmo que esteja revestida na forma de uma sentença predicativa tal como "Ser é o conceito mais universal, sem nenhuma outra determinação", receba assim uma determinação por meio da qual a sentença se contradiria. Se alguém levantasse uma objeção contra esse artifício, dizendo que nomes puros não podem ser compreendidos e certamente não podem envolver contradição, dado que apenas sentenças podem se contradizer e não simples conceitos, então Hegel poderia concordar maliciosamente que uma tal censura conduz a primeira antítese à primeira tese, e que ele próprio mostra que um tal Ser não seria nada. Mas, com esses sofismas, uma filosofia da identidade, que desde a primeira frase quer ter a última palavra a todo custo, incluindo sobre o mais mesquinho, não se faz de burra. O protesto da dialética contra a linguagem não pode se fazer entender imediatamente de outro modo a não ser na linguagem. Por isso esse protesto permanece condenado ao paradoxo impotente e tira sua virtude dessa necessidade.

---

36 Hotho, *Vorstudien für Leben und Kunst*, op. cit., p.384 e ss.

37 Hegel, WW 4, p.87.

353 // A descrição de Hotho revela perspectivas que atingem o centro da forma literária de Hegel. Essa forma é diametralmente oposta à máxima nietzschiana de que somente se pode escrever sobre aquilo com o que se terminou, que se deixou para trás. Se o conteúdo de sua filosofia é processo, então ela gostaria de expressar a si mesma como processo, num *status nascendi* permanente, numa negação da exposição como algo congelado, que só corresponderia àquilo que é exposto se ele próprio fosse algo congelado. Numa comparação anacrônica, as publicações de Hegel são mais filmes do pensamento do que textos. Tal como o olho não formado jamais apreenderá detalhes de um filme da mesma maneira que de uma imagem imóvel, o mesmo se passa com seus escritos. É aqui que devemos encontrar a qualidade proibida de seus textos, mas é exatamente nesse ponto que Hegel permanece aquém do conteúdo dialético. Para ser consequente, esse conteúdo precisaria de uma exposição antitética a isto. Os momentos isolados precisariam ser distinguidos tão precisamente no plano da linguagem, precisariam ser expressos tão responsavelmente, de um modo tal que o processo subjetivo do pensamento e sua qualidade arbitrária os abandonassem. Se, pelo contrário, a exposição assimila sem resistência a estrutura do movimento, então o preço que a crítica do conceito especulativo deve pagar à lógica tradicional é muito baixo. Hegel não foi justo a este respeito. Uma falta de sensibilidade para com a camada linguística como um todo pode ser a causa disso; algumas cruezas materiais na sua estética levantam essa suspeita. Mas talvez o impulso contra a linguagem, próprio de um pensamento que experimenta os limites de todo singular determinado como um limite da linguagem,

fosse tão profundo que o Hegel estilista abandonou a primazia da objetivação que governa sua obra como um todo. O homem que refletiu sobre toda reflexão não refletiu sobre a linguagem. Nela, ele se movimentou com uma negligência que é irreconciliável com aquilo que é dito. Seus escritos são a tentativa de tornar a exposição imediatamente semelhante ao conteúdo. Seu caráter significativo regride a um caráter mimético, a um tipo de escrita gestual ou curvilínea, que contrasta estranhamente com a exigência solene da razão que Hegel herdou de Kant e do Esclarecimento. Os dialetos têm um caráter análogo – o suábio principalmente com o intraduzível "Ha no" –, são repositórios
354 de gestos dos quais a língua oficial // se desacostumou. O romantismo, que o Hegel da maturidade tratou com desdém, mas que era o fermento de sua própria especulação, quis se vingar dele ao apoderar-se de sua linguagem de uma maneira popular. Num fluxo abstrato, o estilo de Hegel, semelhante às abstrações de Hölderlin, adquiriu uma qualidade musical que falta a Schelling, o mais sóbrio dos românticos. Por vezes, isso se revela no uso de partículas antitéticas como "mas", para propósitos de mera conexão:

> Como no absoluto a forma é apenas a simples identidade consigo mesma, o absoluto não determina a si mesmo; pois a determinação é uma distinção da forma, que inicialmente vale como tal. Mas posto que ele contém ao mesmo tempo toda diferença e determinação da forma em geral, ou porque ele próprio é a forma e a reflexão absolutas, também a diferença do conteúdo deve aparecer nele. *Mas* o próprio absoluto é a identidade absoluta; tal é a sua determinação, na medida em que toda multiplicidade daquilo

que existe em si e do mundo fenomênico, ou da totalidade interna e externa, é suprimido nele.[38]

O estilo de Hegel é seguramente oposto ao entendimento filosófico usual, mas, por meio de suas fraquezas, ele prepara ainda outra coisa. Deve-se ler Hegel descrevendo juntamente com ele as curvas do movimento intelectual, como que acompanhando o jogo de seus pensamentos com o ouvido especulativo, como se fossem notas musicais. Se a filosofia como um todo é aliada à arte na medida em que gostaria de salvaguardar no médium do conceito a mimese reprimida por este,[39] então Hegel procede como Alexandre com o nó górdio. Ele tira o poder dos conceitos isolados e os trata como se eles fossem imagens sem a imagem daquilo que eles visam. Daí o fundo goetheano de absurdo na filosofia do Espírito absoluto. Aquilo que ela quer usar para ir além do conceito impulsiona-a novamente para baixo do conceito nos detalhes. Apenas faz jus a Hegel o leitor que não apenas aponta nele essas fraquezas inquestionáveis, mas que recebe delas o impulso; aquele que compreende por que isso ou aquilo deve ser incompreensível e assim compreende-o de fato.

Hegel espera de seu leitor duas coisas, o que não é estranho para uma essência propriamente dialética. Ele deve deslizar, deixar se levar pelo fluxo, sem forçar a permanência
355 // do momentâneo. Do contrário, ele o modificaria, devido e apesar da extrema confiança nele. Mas, por outro lado, é

38 Ibidem, p.665.

39 Cf. Max Horkheimer e Theodor W. Adorno, *Dialética do esclarecimento*, op. cit., p.37 e ss.

preciso desenvolver um procedimento em câmera lenta, para diminuir a velocidade nas passagens nebulosas de modo tal que elas não evaporem, mas deixem que o olho as apreenda em seu movimento. É raro que ambos os procedimentos participem de um mesmo ato de leitura, que deve ser desmembrado em seus opostos, como o próprio conteúdo. A formulação marxista de que a filosofia passa a ser história já caracteriza Hegel num certo sentido.[40] Na medida em que, para ele, a filosofia se torna uma atividade de observação e de descrição do movimento do conceito, a *Fenomenologia do Espírito* esboça uma historiografia virtual do Espírito. Hegel tenta por assim dizer modelar apressadamente a sua exposição, filosofar como se tivesse escrevendo a história, como se, por meio do modo de pensar, se forçasse a unidade entre o sistemático e o histórico concebida pela dialética. Nessa perspectiva, a falta de *clarté* da filosofia hegeliana seria condicionada pela irrupção da dimensão histórica. Na exposição, escondem-se as pegadas do elemento empírico incomensurável com o conceito. Posto que esse ele-

40 "A filosofia autônoma perde, com a exposição da realidade, seu meio de existência. Em seu lugar pode aparecer, no máximo, um compêndio dos resultados mais gerais, que se deixam abstrair da observação do desenvolvimento histórico dos homens. Se separadas da história real, essas abstrações não têm nenhum valor. Elas podem servir apenas para facilitar a ordenação do material histórico, para indicar a sucessão de seus extratos singulares." [*A ideologia alemã*. São Paulo: Boitempo, 2007, p.95, trad. Rubens Enderle et al.]. Uma variante desse texto é ainda mais pontual: "Conhecemos uma única ciência, a ciência da história. A história pode ser examinada de dois lados, dividida em história da natureza e história dos homens. Os dois lados não podem, no entanto, ser separados; enquanto existirem homens, história da natureza e história dos homens se condicionarão reciprocamente" [*A ideologia alemã*, trad. cit., p.86-7, nota d)].

mento empírico não pode ser permeado em sua pureza pelo conceito, ele é em si mesmo resistente à norma da *clarté* que, primeiro explicitamente e depois sem se lembrar disso, é derivada do ideal de um sistema que é oposto a toda empiria, bem como a todo elemento histórico. A tentativa de integração do momento histórico com o momento lógico e vice-versa, a qual Hegel é forçado, se transforma apesar disso em uma crítica a seu próprio sistema. O sistema deve reconhecer a irredutibilidade
356 conceitual // do conceito em si mesmo histórico. O momento histórico, apesar de tudo, perturba como uma mancha negra os critérios lógicos e sistemáticos. Na *Filosofia do Direito*, Hegel viu isso muito bem, certamente que desautorizando assim uma de suas intenções centrais e optando pela separação tradicional entre o histórico e o sistemático:

> O exame do surgimento e desenvolvimento das determinações jurídicas tais como aparecem no tempo – ocupação puramente histórica, assim como o conhecimento de sua consequência lógica, proveniente da comparação da mesma com as relações jurídicas já existentes – possui, em sua própria esfera, seu mérito e apreciação. Esse exame situa-se à margem do exame filosófico, dado que o desenvolvimento realizado a partir de fundamentos históricos não pode se confundir com o desenvolvimento realizado a partir do conceito, de modo que a explicação histórica e sua legitimação jamais atingem o significado de uma justificação em si e para si. Esta diferença, que é tão importante e útil manter, é ao mesmo tempo muito esclarecedora: uma determinação jurídica pode apresentar-se como plenamente fundamentada e coerente a partir das circunstâncias e instituições jurídicas existentes, e ser, no entanto, irracional e injusta em si e para si, como a infinidade de determinações do direito privado romano, que surgem de

modo inteiramente consequente de tais instituições, tal como a autoridade paternal e o matrimônio romanos. Mas, mesmo que essas determinações fossem justas e racionais, é algo inteiramente diferente demonstrá-lo a partir delas mesmas, o que na verdade só pode ser feito pelo conceito, e algo inteiramente diferente expor a história de sua origem, das circunstâncias, de casos particulares, necessidades e oportunidades que levaram a estabelecê-las. A essa descrição e esse conhecimento (pragmático) a partir das causas históricas mais próximas ou mais remotas chama-se muitas vezes de explicação, ou, antes, concepção [*Begreifen*], pensando que tudo, ou o essencial, que ela atingiria por si mesma, acontece por meio dessa descrição do aspecto histórico, como uma forma de compreender a lei e a instituição legal, enquanto que o verdadeiramente essencial, o conceito da coisa, nem sequer chegou a ser nomeado.[41]

357 // No não conceitual, que resiste ao movimento hegeliano do conceito, a não identidade se sobrepõe ao conceito. Aquilo que, no final, seria a verdade que se afirma contra o sistema da identidade torna-se, no sistema, propriamente sua mácula, aquilo que não pode ser representado. A isso, os leitores de Hegel sempre reagiram de maneira alérgica. O liberal restaurador atenta contra um tabu burguês. Aquilo que é mostrado deve estar pronto, encerrado, sem dúvida conforme os hábitos de troca de mercadorias, em que o cliente insiste que aquilo entregue a ele sob o preço total deveria incorporar a quantidade total de trabalho, para a qual ele paga o equivalente; ele se sente enganado se ainda permanece algo por fazer. O trabalho e o esforço do conceito, que a filosofia hegeliana não espera

41 Hegel, WW 7, § 3, nota, p.43 e ss.

apenas de si, mas também do leitor em um sentido que ultrapassa qualitativamente todo padrão costumeiro de recepção de uma obra, são usados contra Hegel, como se ele não tivesse dispensado suor suficiente. O tabu atinge até o mandamento idiossincrático do mercado, segundo o qual traços do humano podem ser apagados no produto, como se o produto fosse propriamente um em-si. O caráter de fetiche da mercadoria não é um simples véu, e sim um imperativo. O trabalho coagulado, em que se pode notar que é um trabalho de seres humanos, é descartado com desgosto. Seu odor humano revela que o valor é uma relação entre sujeitos, longe de ser uma qualidade inerente às coisas, tal como é afirmado. A propriedade, sob cuja categoria a sociedade civil subsume também suas mercadorias espirituais, não é absoluta. Quando isso se torna evidente, é como se o mais sagrado tivesse sido profanado. Os cientistas ficam enraivecidos diante de teoremas ou pensamentos que eles não podem levar para casa como inteiramente demonstrados. A inquietação com o caráter provisório, que não é exterior à filosofia hegeliana, racionaliza-se então na afirmação maliciosa de que o incriminado não pode ele próprio executar aquilo de que ele encarrega os outros. É isso o que ocorre no célebre relato sobre Hegel de Gustav Rümelin, chanceler da Universidade de Tübingen. Com uma ironia imperturbável e barata, pergunta ele: "Você compreende isso? O conceito se move por si mesmo em você e sem a sua participação? Ele passa para o seu oposto e disso surge a unidade suprema dos opostos?".[42] Como se, para essa "cabeça especulativa", evocada muitas vezes

---

42 Gustav Rümelin, *Reden und Aufsätze*, Tubinga, 1875, p.48 e ss., citado em: Friedrich Überweg, *Grundriß der Geschichte der Philosophie*, op. cit., p.77.

358 ou com admiração ou com desprezo, // se tratasse de realizar subjetivamente saltos particulares para levar a cabo aquilo que Hegel prescreve ao próprio conceito. Como se a especulação fosse uma faculdade esotérica e não a autoconsciência crítica da reflexão, pois ela se liga íntima e antagonicamente a esta última como já em Kant a razão se liga ao entendimento. Entre os pressupostos para se ler Hegel corretamente, o primeiro é certamente se desembaraçar de hábitos enraizados, como crer que o conteúdo da filosofia hegeliana é falso. De nada ajuda esfalfar-se como o califa e o grão-vizir que, transformados em cegonhas, em vão procuram a palavra *mutabor*. A passagem ensinada por Hegel das determinações finitas às determinações infinitas não é nem um fato da consciência subjetiva, nem necessita de um ato especial. O objetivo é a crítica filosófica da filosofia, tão racional quanto ela mesma. O único desiderato subjetivo é não se tornar obstinado, mas perceber motivações, como em Kant e Fichte, sem que, de resto, alguém que seja capaz de fazer isso precise aceitar piamente o movimento do conceito como realidade *sui generis*.

Mas esses desideratos da leitura de Hegel somente podem ser protegidos da divagação se eles forem completados com uma persistência tenaz no detalhe. Geneticamente, essa insistência deve vir em primeiro lugar. Apenas ali onde ela falha categoricamente é possível que o comportamento dinâmico e distanciado do leitor a retifique. Aquilo que leva alguém à micrologia é precisamente a falta indiscutida de diferenciação entre conceitos e reflexões, a falta de plasticidade. Por vezes, mesmo o leitor benévolo legendário do começo do século XIX precisa sentir a cabeça girando como uma roda de moinho. A

relação das categorias ao todo jamais é distinguida de modo enfático do sentido restrito delas em passagens específicas. Ideia significa por um lado o próprio absoluto, o sujeito-objeto. Mas, por outro, enquanto fenômeno intelectual do absoluto, ela deve ser supostamente diferente da totalidade objetiva. Ambos aparecem na *Lógica* subjetiva. Nela, a ideia é às vezes sujeito-objeto: "Apenas a ideia absoluta é Ser, vida eterna, verdade que sabe de si, e é toda verdade".[43] Ou: "Mas a ideia não tem apenas o sentido mais geral do *ser verdadeiro*, da unidade do *conceito* e *realidade*, mas o sentido mais determinado
359 // do *conceito subjetivo* e *da objetividade*".[44] Em um outro lugar do mesmo terceiro livro, por outro lado, Hegel diferencia a ideia da totalidade objetiva:

> A ideia se mostrou como o conceito novamente libertado desde a imediatidade, na qual ele está mergulhado no objeto, para a sua subjetividade, conceito que se distingue de sua objetividade, mas a qual do mesmo modo é por ele determinado e apenas tem sua substancialidade naquele conceito. [...] Mas, isso tem de ser apreendido de modo mais determinado. O conceito, ao alcançar verdadeiramente sua realidade, é esse juízo absoluto, cujo *sujeito*, como a unidade relativa que se relaciona consigo mesma, se distingue de sua objetividade e é o ser-em-si-e-para-si da mesma, mas essencialmente se relaciona com ela por si mesmo.[45]

E, de maneira correspondente:

43 Hegel, WW 5, p.328.
44 Ibidem, p.240 [*Ciência da Lógica*, trad. cit., p.235].
45 Ibidem, p.240 e ss. [*Ciência da Lógica*, trad. cit., p.235].

> A *determinidade* da ideia e todo o percurso dessa determinidade constitui o objeto da ciência lógica, de cujo percurso nasceu *para si* a ideia absoluta mesma; para si, porém, ela se mostrou como o seguinte: a determinidade não tem a figura de um *conteúdo*, mas pura e simplesmente como *forma*, a ideia é dessa maneira como a *ideia universal* pura e simplesmente.[46]

Finalmente, ele utiliza ambos no mesmo contexto argumentativo:

> Na medida em que a ideia se põe como unidade absoluta do puro conceito e de sua realidade, ou seja, se recolhe na imediatidade do *ser*, então ela é como a *totalidade* nesta forma – *natureza*. Essa determinação, porém, não é um *ter sido* e uma *passagem*, tal como (segundo o que se viu acima) o conceito subjetivo em sua totalidade se torna *objetividade*, também a *finalidade subjetiva se torna vida*. A pura ideia, na qual a determinidade ou realidade do conceito mesmo é elevada ao conceito, é antes a *liberação* absoluta, para a qual não existe mais nenhuma determinação imediata que não seja do mesmo modo *posta* e o conceito; nessa liberdade não ocorre, por conseguinte, nenhuma passagem; o puro ser, para o qual se determina a ideia, permanece-lhe perfeitamente transparente e é o conceito que permanece junto a si mesmo em sua determinação. A passagem tem de ser aqui então antes apreendida no sentido de que a ideia a si mesma se *abandona livremente*, absolutamente certa de si mesma e em si mesma repousando.[47]

46 Ibidem, p.329 [*Ciência da Lógica*, trad. cit., p.265].
47 Ibidem, p.352 e ss. [*Ciência da Lógica*, trad. cit., p.284].

Da mesma forma que a existência indolente em Hegel é separada de todo real que seria racional, a ideia, apesar de tudo,
360 permanece tão χωρίς[48] da realidade quanto esta é também // existência indolente. Essas incongruências espalham-se ao longo dos principais textos de Hegel. A tarefa consiste então na disjunção entre o específico e o que é mais geral, o que não se dá *hic et nunc*; os dois aspectos se cruzam nas figuras de linguagem favoritas de Hegel. Ele queria afastar o perigo de uma fuga para o universal quando respondeu a uma dama de salão de chá que lhe perguntou sobre o que deveria pensar a respeito desta ou daquela passagem de seu texto: "Exatamente isso". Mas a pergunta não foi tão ridícula como faz pensar a sua resposta. A megera pode ter notado que a consciência vazia, isto é, aquilo que um parágrafo executa no contexto da *Lógica*, usurpa o lugar da própria execução; lugar do qual depende unicamente aquilo que um momento do texto pode ou não executar. Mas o que se deve pensar desses momentos expõe uma falsa exigência, pois manifesta a simples incompreensão de quem espera a salvação através de explicações ilustrativas que, enquanto ilustrações, falham. Mas isso significa mais propriamente que toda análise particular deve ser realizada, que a leitura deve se assegurar da transformação dos assuntos discutidos e esclarecidos e não se satisfazer apenas com coordenadas orientadoras. A falha mais comum da interpretação de Hegel é que a análise não é desenvolvida substancialmente, mas apenas como uma paráfrase do conteúdo textual. Na maioria das vezes, essa exegese mantém com a coisa a mesma relação que aquela entre o indicador de caminho e o caminho percorrido, segundo a formulação irônica

48 Separada (em grego, no original). (N. T.)

de Scheler. Em muitos casos, o próprio Hegel não executou completamente a tarefa, mas a substituiu com declarações perifrásticas de intenção. Na *Filosofia do Direito*, por exemplo, a dedução especulativa da monarquia não é realizada e com isso seu resultado permanece desprotegido contra toda crítica:

> Este Si último da vontade do Estado consiste nesta sua abstração simples e, por conseguinte, em sua individualidade imediata. No seu próprio conceito reside a determinação da naturalidade. O monarca, por isso, é em sua essência indivíduo, abstraído de todo outro conteúdo, e esse indivíduo é alçado, de um modo imediatamente natural, à dignidade de monarca, por nascimento. Essa passagem do conceito da pura autodeterminação à imediatez do Ser e, portanto, à naturalidade, é de natureza puramente especulativa, e seu conhecimento pertence à filosofia lógica. De resto, é
> 361 essa mesma passagem // que, conhecida em geral como natureza e processo da vontade, consiste em fazer um conteúdo passar do domínio da subjetividade (como fim exposto) para a existência (§ 8). Mas a forma peculiar da ideia e da passagem que aqui é considerada é a passagem imediata da autodeterminação pura da vontade (do simples conceito) num *isto* e numa existência natural, sem a mediação de um conteúdo particular (por meio de uma finalidade no agir). [...] *Adendo*. Afirma-se muitas vezes contra os monarcas que eles tornam os assuntos do Estado dependentes da contingência, pois o monarca poderia ter tido uma má formação, ou que talvez não tenha o valor devido para se situar no topo do mesmo e não tem sentido que tal situação deva existir como se fosse uma situação racional: portanto, essa pressuposição de que se trata da particularidade do caráter do monarca não tem valor nenhum. Em um Estado completamente organizado, trata-se ape-

> nas de ter em seu topo um órgão de decisão formal, de modo que, para ser um monarca, é preciso apenas um homem que diga "sim" e que coloque o pingo sobre o "i"; pois o topo do Estado deve ser constituído de forma tal que a particularidade do caráter não seja o elemento significativo. Aquilo que o monarca possui para tomar essa última decisão é algo que depende de sua particularidade, da qual não se pode depender. Certamente pode haver situações em que apenas essa particularidade tem proeminência, mas então, nesse caso, ou o Estado não está ainda completamente formado ou não é bem construído. Em uma monarquia bem formada, o lado objetivo pertence apenas à lei à qual o monarca deve apenas adicionar o subjetivo "eu quero".[49]

Ou esse "eu quero" arrastará consigo toda a contingência ruim, combatida por Hegel, ou o monarca será realmente apenas alguém que concorda com tudo, uma figura dispensável. Mas essas fraquezas contêm também em muitos casos indicações cruciais para a compreensão. A fidelidade imanente à intenção exige, nos melhores casos, exceto no caso estranhamente ideológico da *Filosofia do Direito*, que se complete ou ultrapasse o texto para compreendê-lo. Então de nada adianta meditar sobre formulações crípticas isoladas e se deixar levar por controvérsias muitas vezes irreconciliáveis sobre aquilo que o autor quis dizer. Pelo contrário, é preciso liberar a intenção hegeliana; os assuntos devem ser reconstruídos a partir do conhecimento de tais intenções. Ele tem quase sempre certas
362 saídas em mente mesmo quando sua // própria formulação não as atinge. Mais importante do que aquilo que ele quis dizer é

49 WW 7, § 280, p.387 e ss.

sobre o que ele fala; as circunstâncias e o problema devem ser desenvolvidos a partir do programa hegeliano e posteriormente repensados de modo autônomo. A primazia da objetividade sobre o curso desejado do pensamento, a primazia do assunto determinado que está em consideração constitui, em Hegel, uma instância que se opõe à sua filosofia. Se esse problema se mostra como delineado e resolvido no interior de um parágrafo – e o enigma do método filosófico pode consistir no fato de que compreender e resolver um problema é na verdade a mesma coisa –, então também a intenção de Hegel é esclarecida, seja porque o pensamento críptico pensado por ele se desvela por si mesmo, seja porque suas reflexões se articulam por meio daquilo que elas próprias negligenciaram.

A tarefa de imersão no detalhe necessita da consideração sobre a estrutura interna dos textos hegelianos. Essa estrutura não é o usual desenvolvimento progressivo e linear do pensamento e tampouco a sucessão de análises justapostas de modo discreto e independentes entre si. Mesmo a comparação de tal estrutura com uma rede, o que ela por vezes provoca, não é exata: tal comparação ignora o momento dinâmico. No entanto, é característico de Hegel a fusão do momento dinâmico com o momento estático. Seus capítulos carregados se recusam à distinção entre a análise dos conceitos, a "elucidação" e a síntese enquanto avanço para algo de novo que não estaria contido no próprio conceito. Isso atrapalha a orientação e não se sabe mais onde se está.

> Ele sempre começava com dificuldade, esforçava-se para continuar, começava novamente, novamente se detinha, falava e ponderava. A palavra adequada parecia perdida para sempre, mas

então ela era atingida certeiramente: parecia comum, mas se adequava de modo inimitável, não usual e, no entanto, era a única que convinha; sempre parecia que o mais autêntico devia seguir, mas ele já havia sido exprimido, de modo inadvertido, do modo mais perfeito possível. Tinha-se então apreendido o claro significado de uma frase e esperava-se ansiosamente continuar avançado. Em vão. Ao invés de prosseguir, o pensamento virava sem cessar em torno do mesmo ponto, utilizando palavras semelhantes. Mas se, cansada e desfalecida, a atenção distraía-se e apenas após alguns minutos retornava à conferência subitamente sobressaltada, ela se encontrava então, como que por punição, apartada de todo o con-
363 texto. Pois, conduzindo-se suave // e circunspectamente em meio a articulações aparentemente insignificantes, um pensamento pleno se limitou à unilateralidade, para depois se cindir em distinções e se enredar em contradições cuja solução vitoriosa encontrou forças para induzir à reunificação os elementos mais dilacerados. E assim, tomando repetidamente e de maneira cuidadosa o que veio antes para desenvolver a partir disso o ulterior de modo reformulado e mais profundo numa outra perspectiva, mas sempre rica em reconciliações, o mais maravilhoso fluxo de pensamento, avançando imperturbavelmente, se entrelaçava, pressionava, lutava, ora isolando, ora reunindo, hesitando em alguns lugares, em outros arrastando aos solavancos.[50]

Com um pouco de liberdade, seria possível afirmar que no próprio sistema hegeliano, bem como em suas preleções, juízos sintéticos e analíticos não são mais distinguidos estritamente

---

50 Hotho, *Vorstudien für Leben und Kunst*, op. cit., p.386 e ss.

de acordo com o ABC kantiano. Também no que se refere a isso, Hegel recupera o racionalismo pré-kantiano, especialmente o leibniziano, mediado pela subjetividade, e isso modela a sua exposição. Tal exposição tende a ter a forma do juízo analítico, mesmo que o próprio Hegel não sentisse afeição por essa forma lógica, a identidade abstrata do conceito. O movimento do pensamento, o surgimento de algo novo, não adiciona algo ao conceito gramatical de sujeito, tal como em Kant. O novo é o antigo. Por meio da explicação dos conceitos, isto é, por meio daquilo que, segundo a lógica tradicional e a teoria do conhecimento, os juízos analíticos proporcionam, o outro do próprio conceito, o não idêntico se torna evidente como algo implicado no significado do conceito, sem danificar sua amplitude. O conceito é virado de um lado para outro até que fique claro que ele é mais do que se apresenta. Ele se rompe quando insiste em sua própria identidade, mas apenas a catástrofe de tal insistência funda o movimento que faz o conceito se tornar um outro em si mesmo. O modelo dessa estrutura de pensamento é dado pela análise do princípio de identidade A = A, esboçada já no *Escrito sobre a diferença* e executada energicamente na *Lógica*. Inerente ao sentido de um juízo idêntico puro é a não identidade de seus membros. Em um juízo singular a igualdade só poderia ser predicada de coisas que não são iguais, a não ser que ignoremos a exigência imanente da forma judicativa, ou seja, que haja algo que seja ou isto ou aquilo. Inúmeras re-
364 flexões de Hegel são organizadas de modo semelhante // e é preciso que se esclareça de uma vez por todas o modo para não ser repetidamente enganado por ele. Segundo sua microestrutura, o pensamento de Hegel, bem como sua forma literária, é

já aquilo que Benjamin denominou de dialética na imobilidade, comparável à experiência que o olho tem ao observar gotas de água no microscópio, que começam a pulular, com a única diferença de que aquilo sobre o que recai o olhar obstinado, enfeitiçado, não é delimitado rígida e objetivamente, mas, por assim dizer, é carcomido nas bordas. Uma das passagens mais conhecidas do Prefácio da *Fenomenologia* revela algo dessa estrutura interna:

> A aparição é o surgir e passar que não surge nem passa, mas que em si constitui a efetividade e o movimento da vida da verdade. O verdadeiro é assim o delírio báquico, onde não há membro que não esteja ébrio; e porque cada membro, ao separar-se, também imediatamente se dissolve, esse delírio é ao mesmo tempo repouso translúcido e simples. Perante o tribunal desse movimento não se sustêm nem as figuras singulares do espírito, nem os pensamentos determinados; pois aí tanto são momentos positivos necessários, quanto são negativos e evanescentes. – Na *totalidade* do movimento, compreendido como [estado de] repouso, o que nele se diferencia e se dá um ser-aí particular é conservado como algo que se *rememora*, cujo ser-aí é o saber de si mesmo; como esse saber é também imediatamente ser-aí.[51]

A imobilidade certamente permanece aqui, assim como em passagens análogas da *Lógica*,[52] reservada à totalidade, como na máxima de Goethe sobre a agitação como paz eterna. Mas,

51 Hegel, WW 2, p.44 e ss. [*Fenomenologia do Espírito*, trad. cit., p.53].
52 Cf. WW 4, p.665 e ss., e WW 5, p.212.

assim como cada aspecto do todo em Hegel, também este último é simultaneamente um aspecto de cada particular, e sua ubiquidade pode ter impedido Hegel de compreender isto. Ele estava muito próximo disso que se escondia dele como um fragmento da imediatez irrefletida.

Mas a estrutura interna tem uma consequência importante também para a sustentação do todo: a força retroativa. A representação difundida da dinâmica do pensamento hegeliano, segundo a qual o movimento do conceito seria o avanço de um conceito para outro por força da mediação interna do primeiro, é no mínimo unilateral. Na medida em que a reflexão de todo conceito, regularmente ligada à reflexão da reflexão, explode o conceito por meio da prova de sua inconsistência, o movi-
365 mento // do conceito sempre modifica o estágio do qual ele se desprende. A progressão é uma crítica permanente daquilo que precede e esse movimento complementa o que progride sinteticamente. Na dialética da identidade, não se alcança apenas a identidade do não idêntico como sua forma mais elevada, o A = B, o juízo sintético. O conteúdo próprio do juízo sintético é reconhecido como um momento necessário do juízo analítico A = A. Inversamente, também a identidade formal simples A = A é conservada na equivalência do não idêntico. É por isso que, às vezes, a exposição dá um passo atrás. Aquilo que, segundo o esquema da triplicidade, seria o novo, revela-se como o conceito do ponto de partida do movimento dialético particular em questão, ponto de partida novamente esclarecido e modificado. Uma prova disso, dada pelo próprio Hegel, pode ser encontrada na "autodeterminação da essência do fundamento", do segundo livro da *Lógica*:

Na medida em que se parte da determinação como sendo um primeiro e indeterminado e se progride em direção ao fundamento (por meio da natureza da própria determinação, que sucumbe por meio de si mesma), o fundamento é provisoriamente um determinado por meio daquele primeiro. Mas esse determinar, por um lado, enquanto supressão do determinar, é a identidade restaurada, purificada ou revelada da essência, que é a determinação da reflexão em si; por outro lado, enquanto determinação, esse movimento de negação é antes de tudo o pôr daquela determinidade da reflexão, que apareceu como imediata, mas que somente é posta pela reflexão do fundamento, que é autoexcludente, e por consequência somente como algo posto ou suprimido. Assim, a essência, na medida em que se determina como fundamento, procede apenas a partir de si mesma.[53]

Na *Lógica* subjetiva, Hegel determina, de forma geral e um pouco formalista, o "terceiro membro" do esquema de três partes como sendo o primeiro membro modificado do movimento dialético individual em discussão:

Nesse ponto de virada do método, o percurso do conhecer ao mesmo tempo retorna em si mesmo. Essa negatividade, como a contradição que se supera, é o *restabelecimento da primeira imediatidade*, da universalidade simples; pois imediatamente o outro do outro, o negativo do negativo é *o positivo*, o idêntico, *o universal*. Esse *segundo* imediato em todo o decurso, se quisermos em geral *contar*, é o *terceiro* em relação ao primeiro imediato e ao mediado.
366 Mas ele // é também o terceiro em relação ao primeiro negativo

53 WW 4, p.552.

ou ao negativo formal e à negatividade absoluta ou ao segundo negativo; na medida em que aquele primeiro negativo já é o segundo termo, então o que foi contado como *terceiro* pode também ser contado como *quarto* e, ao invés da *triplicidade*, pode ser tomada a forma abstrata como uma *quadruplicidade*; o negativo ou a *diferença* é desse modo contado como uma duplicidade. [...] Mais precisamente, o *terceiro* é o imediato, mas *por meio da superação da mediação*, é o simples por meio do *superar da diferença*, é o positivo por meio da superação do negativo, é o conceito que se realiza por meio do ser-outro e, por meio da superação dessa realidade, se encontrou consigo mesmo e reconstitui sua realidade absoluta, sua relação *simples* sobre si. Esse *resultado* é, por conseguinte, a *verdade*. É *igualmente* imediatidade *como* mediação; mas essas formas do juízo, o terceiro é imediatidade e mediação ou ele é a unidade das mesmas, não são capazes de apreendê-lo, porque ele não é um terceiro tranquilo, e sim justamente como essa unidade é o movimento e a atividade que se medeiam consigo mesmos. [...] Esse resultado, contudo, como o todo que entrou em si mesmo e é consigo *idêntico*, deu-se novamente a si a forma da *imediatidade*. Com isso, ele mesmo é novamente tal como havia se determinado o *inicial*.[54]

Uma música como a de Beethoven, na qual o ideal da retomada – isto é, da rememoração que produz o retorno de complexos anteriormente expostos – deve ser o resultado do desenvolvimento, como a dialética quer ser, oferece uma analogia ao movimento hegeliano que ultrapassa a simples analogia. Também a música altamente organizada deve ser ouvida de forma multidimensional, ao mesmo tempo de frente para trás

54 WW 5, p.343 e ss. [*Ciência da Lógica*, trad. cit., p.276-8].

e de trás para frente. Seu princípio de organização do tempo exige-o: o tempo deve ser articulado apenas através da distinção entre o conhecido e o ainda não conhecido, entre o que já estava ali e o novo; a própria progressão tem como condição uma consciência retroativa. É preciso conhecer uma frase inteira e estar atento, retrospectivamente, a cada instante que precedeu. As passagens isoladas devem ser compreendidas como consequências daquilo que veio anteriormente, o sentido de uma repetição divergente deve ser compreendido, aquilo que reaparece não deve ser percebido como simples correspondência arquitetônica, mas como um devir necessário. Talvez ajude à compreensão dessa analogia, assim como do núcleo do pensamento de Hegel, o fato de a apreensão da totalidade
367 como identidade em si mesma mediada // pela não identidade ser uma lei da forma artística transposta para a filosofia. A transposição é ela própria motivada filosoficamente. O idealismo absoluto gostaria tão pouco de tolerar algo estranho e exterior à sua própria lei quanto a teleologia dinâmica da arte de seu tempo, principalmente a música do período classicista. Se o Hegel da maturidade combateu a intuição intelectual de Schelling como sendo uma exaltação ao mesmo tempo não conceitual e mecânica, a forma da filosofia hegeliana é incomparavelmente mais próxima das obras de arte do que a filosofia schellinguiana, que queria construir o mundo segundo a imagem originária da obra de arte. A arte, como algo destacado da empiria, necessita constitutivamente de algo indissolúvel, não idêntico; ela somente se torna arte ao relacionar-se a algo que não é ela mesma. Isso é perpetuado no dualismo de Schelling, que sua filosofia jamais liquidou, e que recebe da arte seu conceito de verdade. Mas se a arte não for uma ideia separada

da filosofia e que a guia prototipicamente; se a filosofia quiser realizar aquilo que só é realizado na arte como aparência, a totalidade filosófica se torna, com isso, estética, um palco para a aparência da identidade absoluta. Na arte, a aparência é menos prejudicial, na medida em que a arte se põe ainda como aparência e não como razão realizada.

Assim como predomina nas obras de arte uma tensão entre expressão e construção, também em Hegel há uma tensão entre o elemento expressivo e os elementos argumentativos. Toda filosofia que não se satisfaz com a imitação irrefletida do ideal científico certamente conhece essa tensão em uma forma menos extrema. O elemento expressivo em Hegel representa a experiência; aquilo que gostaria de vir à luz, mas que não o pode, caso queira adquirir um caráter de necessidade, a não ser por meio do médium conceitual (que lhe é fundamentalmente oposto). Essa necessidade de expressão não é uma necessidade de expressão da *Weltanschauung* subjetiva, e muito menos em Hegel. Ao contrário, ela já é propriamente determinada de modo objetivo. Em uma filosofia que é verdadeiramente filosofia, essa necessidade tem a ver com a verdade que aparece historicamente. Na vida posterior das obras filosóficas, o desdobramento de seu conteúdo, aquilo que as obras exprimem, se liberta gradualmente daquilo que foi meramente pensado. Mas precisamente a objetividade do conteúdo de experiência que, como historiografia inconsciente do espírito, ultrapassa
368 a intenção subjetiva, aparece provisoriamente na filosofia // como se ela fosse seu momento subjetivo. Por isso tal objetividade se fortalece naquela atividade do pensamento que se extingue finalmente na revelação do conteúdo de experiência. As assim chamadas experiências filosóficas fundamentais ou

originárias, que querem se expressar imediatamente como tais e se exteriorizarem sem passar pela reflexão, permanecem inervações impotentes. A experiência subjetiva é apenas o invólucro da experiência filosófica, que prospera sob ela e então a joga fora. A filosofia hegeliana como um todo é um esforço único de traduzir a experiência intelectual em conceitos. A expansão do aparato do pensamento, que comumente é censurada como mecanismo de coerção, corresponde proporcionalmente à violência da experiência, que deve ser vencida. Na *Fenomenologia*, Hegel ainda acreditava que seria possível simplesmente descrevê-la. Mas a experiência intelectual só pode ser expressa na medida em que ela se reflete em sua mediação, isto é, quando é pensada ativamente. Não é possível alcançar a indiferença entre a experiência intelectual expressa e o médium do pensamento. O não verdadeiro da filosofia hegeliana se manifesta exatamente no fato de ela representar tal indiferença como realizável por meio do esforço conceitual suficiente. Daí as inumeráveis rupturas entre o experimentado e o conceito. Hegel deve ser lido a contrapelo, de modo tal que toda operação lógica, por mais formal que seja, seja trazida ao seu núcleo de experiência. O equivalente dessa experiência no leitor é a imaginação. Se ele quisesse meramente constatar aquilo que uma passagem significa, ou perseguir a quimera de adivinhar aquilo que o autor quis dizer, o conteúdo da certeza filosófica que ele procura lhe escaparia. Ninguém pode tirar de uma leitura de Hegel mais do que ele nela colocou. O processo da compreensão é a autocorreção progressiva dessa projeção por meio da comparação com aquilo que está escrito. A própria coisa traz em si, como lei de sua forma, a expectativa da fantasia produtiva da parte daquele que lê. Ele deve pensar a partir de sua própria experiência aquilo

que pode estar registrado na experiência. O entendimento deve se enganchar precisamente nas rupturas entre experiência e conceito. Quando os conceitos se tornam aparatos autônomos – e somente uma insensatez entusiástica poderia absolver Hegel
369 de às vezes ignorar o próprio cânone –, é preciso // trazê-los de volta à experiência intelectual que os motiva, e torná-los tão vivos quanto eles gostariam de ser, mas não podem por necessidade. Por outro lado, a primazia da experiência intelectual em Hegel afeta também a forma conceitual. Ele, a quem se acusa de panlogismo, antecipa uma tendência que apenas um século depois, na fenomenologia de Husserl e em sua escola, tornou-se metodologicamente reconhecida. Seu modo de pensar é paradoxal. Enquanto se mantém, em um grau extremo, no médium do conceito – segundo a hierarquia da lógica compreensiva, no nível mais elevado da abstração – ele não argumenta como se quisesse economizar o ingrediente objetivo do pensamento em face daquela experiência que, por outro lado, é não obstante um pensamento propriamente espiritual. O programa da observação pura da introdução à *Fenomenologia* tem mais peso nas obras principais do que lhe concede a consciência filosófica ingênua. Pois, segundo sua concepção, todos os fenômenos – e no sentido da *Lógica* também suas categorias são fenômenos, um aparecer, um dado e, nessa medida, são mediadas, tal como já havia sido esclarecido numa passagem da dedução kantiana[55] –

55 "São apenas regras para um entendimento cuja inteira faculdade consiste no pensar, isto é, na ação de conduzir à unidade da apercepção a síntese do múltiplo que lhe foi dado alhures na intuição; portanto num entendimento que por si não conhece absolutamente nada, mas apenas liga e ordena a matéria do conhecimento, a intuição, que lhe precisa ser dada pelo objeto. Nenhum fundamento pode ser fornecido

são em si mesmos espiritualmente mediados, não é necessário o pensamento para apreendê-los. Hegel diz isto antes daquele comportamento para o qual a fenomenologia, cem anos mais tarde, inventou o termo "receptividade espontânea". O sujeito pensante deve ser desligado do pensamento porque ele encontra novamente a si mesmo no objeto pensado; ele deve ser extraído apenas deste último e ele teria de se identificar nele. Por mais que essa intuição possa ser criticada, o procedimento próprio de Hegel é em todo caso estabelecido de acordo com ela. Esse
370 seu procedimento // apenas pode ser compreendido quando se leem as análises individuais não como argumentações, mas como descrições dos "significados implicados", com a única diferença de que esses não são representados, como na escola de Husserl, como significados fixados, unidades ideais, invariantes, mas como em si mesmos em movimento. Hegel desconfia profundamente e com razão do argumento. O dialético sabe fundamentalmente aquilo que Simmel posteriormente redescobriu: que aquilo que permanece argumentativo se expõe à refutação. Por isso, a busca pelo argumento necessariamente decepciona Hegel. Já a pergunta pelo porquê, que o leitor desarmado se sente encorajado a endereçar às transições [*Übergänge*] e às consequências hegelianas, onde parecem abertas outras possibilidades além daquelas ventiladas por ele, é inapropriada.

---

seja para a peculiaridade do nosso entendimento realizar *a priori* a unidade da apercepção apenas mediante as categorias e precisamente através dessa espécie e desse número delas, seja porque temos justamente essas e não outras funções para julgar ou porque tempo e espaço são as únicas formas de nossa intuição possível" (Kant, *Kritik der reinen Vernunft*, 2. ed., editado por Raymund Schmidt, Leipzig, 1944, p.158 e ss. [B 145 e ss.] [trad. cit., p.90]).

As constantes de direção são marcadas pelas intenções do todo; mas aquilo que é dito do fenômeno é tirado dele, ou ao menos deve sê-lo. Categorias como aquelas da "estrutura de fundamentação" intervêm propriamente na dialética hegeliana da essência e não devem ser pressupostas. Se a tarefa ante a qual Hegel se encontra não é a de marchas intelectuais forçadas, então ela deveria se chamar quase o oposto disso. O ideal é um pensamento não argumentativo. Sua filosofia, que, como uma filosofia da identidade estendida até o extremo, exige uma contenção suprema do pensamento, é dialética também na medida em que se movimenta no médium de um pensamento libertado de tensão. Sua realização depende de se a liberação da tensão se dá ou não. Nisso Hegel se diferencia profundamente de Kant e Fichte, mas sobretudo do intuicionismo, que ele atacou em Schelling. Como toda dicotomia obstinada, ele rompeu também com aquela entre tese e argumento. Para ele, o argumento não é, como se dá muitas vezes em filosofia, algo subsidiário, algo que seria dispensável tão logo a tese seja solidamente estabelecida. Há tão poucas teses como argumentos; Hegel escarneceu deles, chamando-os de "ditados". Tanto um como o outro são sempre virtuais: o argumento seria a predicação daquilo que seria uma coisa, portanto, a tese; e esta, uma síntese judicativa, portanto, um argumento.

A distensão da consciência como modo de comportamento significa: não repelir as associações, mas abrir-se para sua compreensão. Hegel só pode ser lido associativamente. Deve-se tentar admitir em todas as passagens todas as possibilidades de intenção, todas as referências a outras coisas que possam surgir.
371 O // esforço da fantasia produtiva consiste exatamente nisso. Ao menos uma parte da energia, sem a qual muito pouco pode

ser lido sem distensão, é utilizada para sacudir aquela disciplina automatizada, que exige uma concentração pura no objeto e que com isso deixa-o escapar facilmente. O pensamento associativo em Hegel tem seu *fundamentum in re*. Sua concepção da verdade como devir, bem como a absorção da empiria na vida do conceito, superou a separação dos campos filosóficos entre o sistemático e o histórico, apesar das declarações em contrário da *Filosofia do Direito*. O substrato de sua filosofia, o Espírito, não deve ser, como se sabe, pensamento subjetivo separado, mas pensamento real, e com isso seu movimento deve ser a história real. Entretanto, mesmo os capítulos ulteriores da *Fenomenologia*, com um tato incomparável, não compactam de forma brutal a ciência da experiência da consciência e a da história humana uma na outra. Ambas as esferas oscilam ao se tocarem. Na *Lógica*, de acordo com sua temática, bem como sob a pressão da rigidez do Hegel da maturidade, a história externa é engolida pela historicidade interna da doutrina das categorias. Mas esta ao menos nunca esquece a história do Espírito num sentido mais restrito. Quando a *Lógica* delimita a si mesma em relação a outros pontos de vista sobre a mesma coisa, ela se refere inteiramente às teses legadas pela história da filosofia. Em passagens obscuras, é geralmente aconselhável extrapolar tais remissões. Deve-se recorrer aos textos hegelianos mais antigos, como o *Escrito sobre a diferença* ou a *Lógica* de Iena. Eles formulam de modo muitas vezes programático aquilo que a *Lógica* gostaria de realizar e se permitem ainda indicações histórico-filosóficas que desaparecem posteriormente em função do ideal do movimento do conceito. Uma sombra de pluralidade cobre certamente essa camada da obra hegeliana. Assim como as reflexões sistemáticas recebem um impulso das reflexões históricas, estas últimas são

influenciadas em seu curso pelas reflexões sistemáticas. Raramente elas são absorvidas pelo filosofema ao qual fazem alusão. Elas se direcionam mais pelo interesse objetivo do que pela assim chamada discussão com livros. Já no *Escrito sobre a diferença*
372 duvida-se muitas vezes que aquilo dirigido contra // Reinhold, contra Fichte e já contra Schelling (cuja posição ainda é oficialmente defendida, embora intelectualmente ultrapassada) seja realmente a eles endereçado. Essas questões poderiam ser decididas pelo estudo filológico de Hegel, se ele existisse. Por enquanto, a interpretação histórico-filosófica deveria se aplicar com a mesma liberalidade que a interpretação sistemática.

De resto, associações históricas não são de forma nenhuma as únicas que se ligam a Hegel. Pode-se indicar ao menos uma outra dimensão. Sua dinâmica é ela própria uma dinâmica entre elementos dinâmicos e fixos. Isso o separa de modo irreconciliável daquele fluxo filosófico da vida no qual se enfraquece, por exemplo, o método diltheyano. Seria preciso explorar as consequências disso para a estrutura. Encontra-se muito mais invariância no interior do conceito que move a si mesmo do que espera aquele que se representa o conceito dialético de modo propriamente não dialético. A concepção da identidade no todo, do sujeito-objeto, tem necessidade de uma doutrina das categorias do mesmo modo como esta é negada nos detalhes. O número dos motivos hegelianos é finito apesar de toda riqueza daquilo que Marx, com uma metáfora musical, denominou de "grotesca melodia das rochas".[56] A tarefa, por mais paradoxal que seja, de estabelecer um catálogo das invariantes hegelianas

56 Cf. Marx, *Die Frühschriften*, ed. de Siegfried Landshut, Stuttgart, 1953, p.7.

e trazer à luz sua relação com aquilo que está em movimento é urgente. Ele serviria como um apoio pedagógico, contanto que integralmente consciente daquela unilateralidade que, segundo Hegel, é a própria não verdade. A leitura deve apropriar-se da necessidade dos sussurros repetitivos e perturbadores, que Richard Wagner deplorou de forma análoga no classicismo musical. Nas passagens mais difíceis, é útil associar o conhecimento das invariantes, que Hegel não apontou e que estão fincadas em sua obra talvez contra sua vontade, com o que sustenta cada passagem particular. A comparação do motivo geral com o conteúdo textual particular fornece em muitos casos o sentido. A visão geral pouco ortodoxa sobre o todo, sem a qual não se pode proceder aqui, recompensa Hegel pelo fato de ele próprio não poder proceder ortodoxamente. Da mesma forma que ele, assim como todo pensamento livre, não poder ser pensado sem um elemento lúdico do qual dependem as associações, estas são não obstante apenas momentos par-
373 ticulares. Seu contrapeso // é o conteúdo textual. O segundo degrau da apropriação, caso se a experimentou naquele conteúdo, consistiria na eliminação das associações que resistem a ele e na conservação daquilo que concorda com ele e que ilumina o detalhe. Além dessa fecundidade, o critério para avaliar associações é que elas não podem ser compatíveis apenas com o que está lá, mas principalmente também com o contexto. Ler Hegel seria assim um procedimento experimental: deixar surgir interpretações possíveis, propô-las, compará-las com o texto e com aquilo que já foi confiavelmente interpretado. O pensamento, que se afasta necessariamente do que é dito, deve retornar ao texto e se condensar dentro dele. John Dewey, um pensador contemporâneo que, apesar de seu positivismo, está

mais próximo de Hegel do que seus pontos de vista deixam supor, denominou sua filosofia de "experimentalismo". Algo dessa posição é apropriado ao leitor de Hegel. Esse empirismo de segundo grau revelaria ao estágio presente do desenvolvimento histórico de Hegel aquele momento positivista latente que sua própria filosofia, apesar de todas as invectivas contra o pensamento reflexivo tendencioso, esconde na insistência obsessiva por aquilo que é. Quem pretende procurar o Espírito na quintessência daquilo que é, se inclina dessa forma mais profundamente diante daquilo que é do que está disposto a admitir. Seu ideal da reconstrução não é inteiramente diferente do ideal científico: entre as contradições da dialética hegeliana, que ela própria não esclarece, esta é talvez a mais rica em consequências. Ele desafia o método experimental, que de resto foi sugerido apenas pelos nominalistas puros. Lê-lo de modo experimental significa medi-lo com sua própria medida.

Mas isso significa que nenhuma leitura de Hegel que queira lhe fazer justiça é possível sem que se o critique. Em geral, é falsa a ideia, proveniente de preconceitos autoritários e de convenções pedagógicas, de que a crítica se construiria, como uma segunda camada, sobre a compreensão. A própria filosofia se realiza na disjunção permanente entre o verdadeiro e o falso, e a compreensão se realiza juntamente com tal disjunção. Nesse sentido, a compreensão é sempre também uma crítica virtual do que deve ser compreendido, mesmo que o processo de compreensão necessite de um juízo diferente daquele que deve ser compreendido. O pior leitor não é aquele que enche o livro
374 com glosas marginais desrespeitosas. O perigo // pedagógico de que os estudantes caiam em tagarelices e em divagações, que se ponham de modo narcísico e confortável acima da coisa, não

precisa ser refutado, pois não tem nada que ver com o assunto da teoria do conhecimento. Compete ao professor evitar que a ligação íntima entre a compreensão e a crítica degenere num vazio pretensioso. Diante de Hegel, é preciso que essa ligação seja exigida numa medida especial. Indicações de que como ele deveria ser lido são necessariamente imanentes. Elas pretendem contribuir para a extração do conteúdo objetivo de seus textos, ao invés de filosofar sobre sua filosofia desde fora. Não há outro modo de entrar em contato com a coisa. O procedimento imanente não precisa temer a objeção segundo a qual ele seria carente de ponto de vista, semelhante a um molusco, relativista. Pensamentos que confiam na sua própria objetividade devem se entregar *va banque* ao objeto, no qual eles se afundam, sem reservas mentais, para que o objeto seja novamente pensamento. Essa é a recompensa do risco que eles têm de pagar por não formarem um sistema. A crítica transcendente evita de antemão a experiência daquilo que é diferente de sua própria consciência. É a crítica transcendente, não a imanente, que assumiu o ponto de vista contra o qual a filosofia se volta ao combater a rigidez e a arbitrariedade. Ela simpatiza com a autoridade segundo a simples forma, antes mesmo que um simples conteúdo tenha sido formulado: a própria forma tem seu momento substancial. A expressão "Eu, enquanto..." [*Ich als...*], à qual se pode direcionar para qualquer lado, do Diamat ao protestantismo, é sintomática disso.[57] Aquele que julga o exposto, seja arte ou filosofia, segundo pressupostos que não têm curso nele, comporta-se de maneira reacionária,

57 Por exemplo: "eu, enquanto especialista..." ou "eu, enquanto representante do governo..." (N. T.)

mesmo que recorra a princípios progressistas. Pelo contrário, a exigência do movimento hegeliano imanente de que ele seria a verdade não é uma posição. Nessa medida, ele deseja ultrapassar sua imanência pura, embora esta deva por sua vez partir da estreiteza de um ponto de vista. Por isso, quem realmente se dedica a Hegel é conduzido ao limiar, no qual deve ser decidida a sua exigência pela verdade. Ao seguir Hegel, ele se tornará seu crítico. Sob o aspecto da compreensão, o incompreensível é em Hegel a chaga do próprio pensamento da identidade. Sua filosofia dialética acaba em uma dialética com a qual ela não pode
375 prestar contas e cuja solução ultrapassa // sua onipotência. Sua promessa de solução é falsa. A verdade da irredutibilidade do não idêntico aparece no sistema, segundo sua lei própria, como erro, como não resolvida num outro sentido, o do indômito, ou ainda, como sua inverdade; e não é possível compreender o não verdadeiro. Assim o incompreensível explode o sistema. Com toda sua ênfase na negatividade, na cisão, na não identidade, Hegel realmente toma conhecimento de sua dimensão apenas em vista da identidade, apenas como seu instrumento. As não identidades são fortemente acentuadas, mas não são reconhecidas precisamente por causa de sua enorme carga especulativa. Como em um sistema de crédito gigante, todo particular deve alguma coisa ao outro – não idêntico –, mas o todo não tem dívidas, é idêntico. É aqui que a dialética idealista comete sua falácia. Ela diz com paixão: não identidade. Em si mesma, a não identidade deve ser determinada como algo heterogêneo. Mas, na medida em que a dialética a determina, ela já se imagina indo além da não identidade e certa da identidade absoluta. Sem dúvida, o não idêntico, o desconhecido, se torna idêntico pelo conhecimento, e o não conceitual se torna conceito do não

idêntico por meio do conceitual. Mas, por força dessa reflexão, o próprio não idêntico não se tornou unicamente conceito. Ele permanece seu conteúdo, que é diferenciado do conceito. Não se pode passar à existência a partir do movimento lógico dos conceitos. Segundo Hegel, o não idêntico é constitutivamente necessário para que os conceitos, a identidade, possam se realizar; da mesma forma, há uma necessidade do conceito para que haja consciência do não conceitual, do não idêntico. Mas Hegel fere seu próprio conceito de dialética, que deveria ser defendido contra ele, na medida em que não o viola e na medida em que o remete à unidade suprema e livre de contradições. *Summum ius summa iniuria.*[58] Por meio da superação da dialética, a reciprocidade é remetida à unicidade. Não há nada na reciprocidade que permita o salto para o não idêntico; do contrário, a dialética esqueceria sua intelecção [*Einsicht*] da mediação universal. Mas o momento que não pode ser inteiramente absorvido, implicado na dialética, só pode ser eliminado por meio do truque de Münchhausen. Aquilo que consiste em seu escândalo é o conteúdo de verdade, que deveria ser alcançado apenas a partir dela. Seguindo sua própria lógica, a dialética apenas seria coerente ao sacrificar a coerência. Não é preciso menos para entender Hegel.

58 Sumo direito, suma injustiça (em latim, no original). (N. T.)

Nota da edição alemã

Os escritos de Hegel foram citados segundo a edição Jubileu (*Jubiläumausgabe*), reeditada por Hermann Glockner, Stuttgart, desde 1927. As abreviações citadas correspondem a:

WW 1: Aufsätze aus dem kritischen Journal der Philosophie (und andere Schriften aus der Jenenser Zeit)
WW 2: Phänomenologie des Geistes
WW 3: Philosophische Propädeutik
WW 4: Wissenschaft der Logik, 1. Teil
WW 5: Wissenschaft der Logik, 2. Teil
WW 7: Grundlinien der Philosophie des Rechts
WW 8: System der Philosophie, 1. Teil
WW 9: System der Philosophie, 2. Teil
WW 10: System der Philosophie, 3. Teil
WW 11: Vorlesungen über die Philosophie der Geschichte
WW 12: Vorlesungen über die Aesthetik, 1. Bd.
WW 15: Vorlesungen über die Philosophie der Religion, 1. Bd.
WW 16: Vorlesungen über die Philosophie der Religion, 2. Bd.
WW 17: Vorlesungen über die Geschichte der Philosophie, 1. Bd.

WW 18: Vorlesungen über die Geschichte der Philosophie, 2. Bd.
WW 19: Vorlesungen über die Geschichte der Philosophie, 3. Bd.

Nota

Os "Aspectos" surgiram do discurso memorial que o autor realizou por ocasião do 125º ano da morte de Hegel, em 14 de novembro de 1956, na Universidade Livre de Berlim. Os trabalhos prévios eram muito extensos para que pudessem fazer parte daquele discurso. Por isso, o autor se viu obrigado a eleger um complexo – certamente central – para a ocasião em Berlim e tratar dos outros assuntos em uma conferência que foi transmitida pela rádio de Hessen. Mas, como os elementos foram concebidos como um todo, ele os unificou então num manuscrito ao qual fez complementos essenciais.

"Conteúdo da experiência" é igualmente a versão bastante enriquecida de uma conferência comemorativa que o autor proferiu no congresso da Sociedade Hegel alemã em 25 de outubro de 1958 em Frankfurt; ele repetiu essa conferência logo depois em língua francesa na Sorbonne. O trabalho foi impresso no Arquivo de Filosofia (*Archiv für Philosophie*), 1959, v.9, Caderno 1/2.

O "Skoteinos", escrito no inverno de 1962-1963, não foi publicado.

Como as três partes complementares foram literariamente fixadas de maneira independente uma das outras, alguns motivos parecem se repetir; mas sempre numa perspectiva alternada.

Agradeço profundamente aos assistentes do Seminário Filosófico de Frankfurt, em particular ao Prof. Hermann Schweppenhäuser, ao Dr. Alfred Schmidt, ao Dr. Werner Becker e ao Dr. Herbert Schnädelbach.

*Posfácio à edição brasileira**
Os deslocamentos da dialética

Vladimir Safatle
Universidade de São Paulo
Faculdade de Filosofia, Letras e Ciências Humanas
Departamento de Filosofia

[...] uma grandiosa artimanha camponesa,
por tanto tempo ensinada,
de se esconder sob os poderosos e se apoiar em suas necessidades
até que se possa tomar deles o poder.

Adorno (sobre a dialética hegeliana)

As aventuras de que Ulisses sai vitorioso são todas elas perigosas seduções que desviam o Eu da trajetória de sua lógica. Ele cede sempre a cada nova sedução, experimenta-a como um aprendiz incorrigível e até mesmo, às vezes, impelido por uma tola curiosidade, assim como um ator experimenta incansavelmente os seus papéis. "Mas onde há perigo, cresce também a salvação": o saber em que consiste sua identidade e que lhe possibilita sobreviver tira sua substância da experiência de tudo aquilo que é múltiplo, que desvia, que dissolve, e o sobrevivente sábio é ao mesmo tempo

* Este texto foi publicado pela primeira vez como "Apresentação à edição brasileira".

> aquele que se expõe mais audaciosamente à ameaça da morte, na qual se torna duro e forte para a vida.[1]

Estas palavras de Adorno e Horkheimer a respeito dos descaminhos de Ulisses poderiam servir de base para uma consideração epistemológica geral sobre a própria dialética adorniana. Pois, até o final, a dialética será, para Adorno, uma maneira de o pensamento desviar o Eu da trajetória de sua lógica, isto no sentido de quebrar uma certa natureza projetiva da relação do Eu com o mundo. Quebra vivenciada como confrontação com o perigo da dissolução de si por colocar em questão a capacidade egoica de síntese e organização da experiência.

Mas "onde há perigo, cresce também a salvação". Maneira mais poética de lembrar que "O conhecimento começa somente lá onde ele acolhe o que para o pensamento tradicional aparece como opaco, impenetrável, mera individuação".[2] Por isso, o risco representado pela dialética será, na verdade, a astúcia do pensamento do sobrevivente que se expôs à sedução da multiplicidade e do não idêntico; do sobrevivente animado pelo desejo de ser outro, como um incansável ator. Desta forma, a dialética poderia aparecer como o pensamento de quem, teimosamente, cede a cada nova sedução, cede a cada encanto do heterogêneo. É neste sentido que devemos compreender a afirmação adorniana:

> Dialética não significa nem um mero procedimento do Espírito, por meio do qual ele se furta da obrigatoriedade do seu ob-

1 Theodor Adorno e Max Horkheimer, *Dialética do esclarecimento*, Rio de Janeiro: Jorge Zahar, 1985, p.56.

2 Ver p.112.

> jeto – em Hegel ela produz literalmente o contrário, o confronto permanente do objeto com seu próprio conceito – nem uma visão de mundo [*Weltanschauung*] em cujo esquema se pudesse colocar à força a realidade. Do mesmo modo que a dialética não se presta a uma definição isolada, ela também não fornece nenhuma. Ela é o esforço imperturbável para conjugar a consciência crítica que a razão tem de si mesma com a experiência crítica dos objetos.[3]

Nem método, nem visão de mundo. Desta forma, o filósofo de Frankfurt procurava fornecer o último capítulo de um longo périplo no qual a dialética deixara para trás sua acepção inicial de diálogo baseado na oposição de opiniões contrárias, tão evidente na maiêutica socrática e que justificará sua presença no *trivium* medieval. Ela também deixava para trás sua definição em Kant como "lógica da aparência", que visava desvelar as ilusões produzidas quando nossos conceitos procuram se tomar por determinações objetivas da coisa em si, produzindo contradições insuperáveis. Fiel a sua recuperação hegeliana, Adorno compreende a dialética como único modo possível de superar as dicotomias modernas entre pensamento e ser, sujeito que conceitua e objeto a conceituar, forma e conteúdo, conceito e intuição. Dicotomias que, se aceitas, levariam o pensamento às amarras da perpetuação da finitude e, ao menos segundo a tradição hegeliana, a uma maneira insidiosa de ceticismo. Tal superação dialética, como dirá Adorno, procura transformar a experiência crítica dos objetos, ou seja, a consciência do descompasso entre a experiência e os modelos de representação de objeto, em motor de crítica da razão.

---

3 Ver p.26-7.

Mas essa experiência crítica dos objetos não deve nos levar a alguma forma de pensamento do imediato. No fundo, vale para Adorno a definição canônica da dialética em Hegel: "espírito de contradição organizado",[4] regime de pensar que reconhece a tensão necessária entre os polos a serem superados, regime que afirma só ser possível superar tais dicotomias ao reconhecê-las e levá-las ao extremo, ao invés de fazer apelo a alguma forma de "empirismo feliz". Pois se trata de levar tal tensão até o extremo da contradição, isso para que, neste extremo, o pensar aprenda a não reduzir as contradições à condição de simples manifestação do que não pode ser pensado. Neste sentido, "organizar a contradição" consiste, no fundo, em reconhecer o caráter produtivo da contradição enquanto modo de experiência do mundo.

De fato, quando afirmar, mais tarde, que a dialética "é a consciência consequente da não identidade", Adorno não fará outra coisa que fornecer uma repetição contemporânea dessa definição hegeliana da dialética como "espírito de contradição organizado". Basta lembramos como, para Adorno, a própria noção de contradição deve ser, no fundo, compreendida como "o não idêntico sob o aspecto da identidade".[5] Tal como o espírito

---

4 Ver a este respeito Paulo Arantes, *Ressentimento da dialética*, São Paulo: Paz e Terra, 1996.

5 Adorno, *Dialética negativa*, Rio de Janeiro: Jorge Zahar, 2009, p.13. Como lembrará Jay Bernstein a respeito desta articulação entre contradição e não identidade: "Em condições tradicionais, contradições são índices de que a razão fracassou e, portanto, um estímulo para procurar uma perspectiva melhor, mais consistente e unificada. Mas se a unidade e consistência do fenômeno diante de nós é o problema, um signo de que impusemos uma ordem a ele, então a emergência de uma contradição significa algo diferente, significa

hegeliano que procura organizar a contradição, a consciência consequente adorniana não quer transformar a irredutibilidade da experiência à norma da *adaequatio* em bloqueio para o pensamento, mas em motor de uma experiência renovada.

No entanto, para que a dialética se realize como este "confronto permanente do objeto com seu próprio conceito", confronto necessário para uma época que desconfia da capacidade descritiva da linguagem filosófica, ela terá de ser reescrita até ganhar a forma de uma "dialética negativa". Neste sentido, poderíamos dizer que a matriz da tarefa filosófica à qual Adorno se impôs consiste em uma "reescritura" da dialética hegeliana ou, como ele dirá nos *Três estudos sobre Hegel*, consiste em procurar "um conceito modificado de dialética", o que transforma toda leitura adorniana de Hegel em um embate tenso, cheio de idas e vindas, no qual está em jogo algo mais do que a simples interpretação de textos. Se podemos falar em reescritura é porque o que está em jogo, na verdade, é a explicitação de uma potencialidade interna à dialética, pretensamente não explorada por Hegel,[6] como se, em vários momentos, Adorno afirmasse

---

que algo escapou da rede de unificação, o que significa dizer que a contradição testemunha antagonismos na realidade (entre o que é demandado das coisas e a própria coisa). O que escapa da unificação é não idêntico ao conceito que supostamente deveria apreendê-lo" (Jay Bernstein, Negative Dialectic as Fate: Adorno and Hegel, in: Tom Huhn (ed.), *The Cambridge Companion to Adorno*, Cambridge: Cambridge University Press, 2004, p.36).

6 Como lembrarão Nicholsen e Shapiro: "Tal como a filosofia de Hegel procura apresentar à consciência-de-si o trabalho do espírito de seu tempo, a obra de Adorno é uma autorreflexão daquilo que, em Hegel, não foi trazido à consciência no interior da própria obra hegeliana" (Nicholsen, Shierry e Shapiro, Jeremy, Introduction to *Three essays on Hegel*, in: Adorno, *Three essays on Hegel*, Boston: MIT Press, 1994, p.XXI).

que Hegel não teria sido suficientemente dialético.[7] Se quisermos, podemos mesmo dizer que, para Adorno, toda dialética verdadeiramente consequente só pode ser uma dialética negativa, o que nos obriga a entender melhor o que "negativo" pode realmente significar neste contexto.

Assim, mais do que em qualquer outro de seus livros, é nas leituras sobre Hegel que Adorno define a configuração de sua própria tarefa filosófica. Leituras que têm dois momentos privilegiados: estes *Três estudos*, lançado inicialmente em 1963 e composto por três textos que datam, respectivamente, de 1956, 1958 e 1962-1963, e o capítulo "Espírito do mundo e história natural: digressões sobre Hegel", da *Dialética negativa*, de 1966. Soma-se a isto ainda os cursos ministrados na Universidade de Frankfurt: *Introdução à dialética*, de 1958, *Questões sobre a dialética*, de 1963-1964, e as *Lições sobre história e liberdade*, de 1964-1965. Como se vê, é no final dos anos 1950 e durante a década de 1960 que o debate adorniano a respeito da dialética hegeliana toma corpo. Não há grandes diferenças entre estes materiais, o que nos permite uma abordagem em bloco.

Uma dialética amputada?

A leitura mais corrente a respeito da relação entre Adorno e Hegel vê a dialética negativa como uma certa forma de "amputação" da dialética hegeliana. Como se a dialética negativa

7 Um dentre vários exemplos possíveis: "Se Hegel tivesse levado a identidade entre o universal e o particular até uma dialética no próprio particular, ele teria feito jus ao particular, que segundo ele é o particular mediatizado, tanto quanto a esse universal" (Adorno, *Dialética negativa*, op. cit., p.273).

fosse uma dialética amputada do momento positivo-racional de síntese. Amputação resultante, principalmente, da pretensa liberação da negação determinada de sua função estruturadora no interior da noção hegeliana de totalidade. Pois, em Hegel, a negação determinada seria, ao menos segundo esta perspectiva, o movimento de constituição de relações entre conteúdos da experiência tendo em vista a produção de uma totalidade acessível ao saber da consciência. Ao passar de um conteúdo da experiência a outro através de negações determinadas, compreendendo com isso que o resultado das negações não é a anulação do conteúdo anterior, mas a revelação de como ambos os conteúdos estavam em profunda relação de interdependência, a consciência teria condições de fazer a experiência de como a determinação de um conteúdo só é completamente possível através da atualização da rede de negações que o define. Ou seja, ela compreenderia o verdadeiro sentido do adágio spinozista: *Omni determinatio est negatio.*[8] Tal atualização da rede de negações que determinam conteúdos da experiência seria exatamente o que Hegel compreenderia por posição da totalidade do saber. Uma posição que, por sua vez, determinaria a negatividade como astúcia que visa mostrar o caráter limitado dos momentos parciais da experiência, pois tais parcialidades seriam superadas pelo desvelamento da funcionalidade de cada momento em uma visão acessível do todo.

8 Comentadores como Robert Brandom compreenderam claramente este ponto, mas, devido a uma apreensão não dialética da negação determinada como simples relação de oposição, eles tendem a ver, na força determinante da negação hegeliana, apenas uma figura mais rebuscada da incompatibilidade material (ver Robert Brandom, *Tales of the Mighty Death*, Harvard: Harvard University Press, 2002, p.180).

Já a dialética negativa adorniana, enquanto "prática *ad hoc* da negação determinada",[9] acabaria na aporia de uma crítica totalizante da razão incapaz de se orientar a partir de um horizonte concreto de reconciliação, beirando assim o niilismo desenfreado. Isso quando ela não for acusada de simplesmente não ser dialética. Basta lembrarmos, a este respeito, do comentário de Robert Pippin:

> A "dialética negativa" simplesmente não é dialética, mas uma filosofia da finitude e uma demanda para o reconhecimento de tal finitude. O "não idêntico" desempenha um papel retórico estranhamente semelhante à identificação kantiana da *Ding an sich* contra os idealistas posteriores.[10]

A referência a Kant não é extemporânea porque, aparentemente, seria possível ver a dialética transcendental como uma espécie de dialética negativa, já que ela também é uma crítica da totalidade, mas através da exposição das ilusões produzidas pelo uso transcendente das ideias transcendentais. O que talvez nos explique por que esta leitura da dialética negativa como uma filosofia da finitude de ares kantianos será encontrada em várias tradições de interpretação. Lembremos, por exemplo, de Alain Badiou, para quem

---

9 J. Habermas, *O discurso filosófico da modernidade*, São Paulo: Martins Fontes, 2002, p.183.

10 Robert Pippin, Negative Ethics: Adorno on the Falseness of Bourgeois Life, in: *The Persistence of Subjectivity: On the Kantian Aftermath*, Cambridge: Cambridge University Press, 2005, p.116.

> o que Adorno retém de Kant é a irredutibilidade da experiência, a impossibilidade de dissolver a experiência na pura atividade do conceito. Subsiste um elemento totalmente irredutível de limitação passiva, exatamente como em Kant a passividade, que é a prática do sensível, é irredutível.[11]

No entanto, o que se desprende do texto adorniano é algo totalmente diferente, como deveria ser diferente o pensamento de alguém que afirma, claramente, "a reflexão filosófica assegura-se do não conceitual no conceito",[12] ou seja, ela integra o não conceitual como momento do desenvolvimento do conceito. Há de se notar, por exemplo, que não existe conceito da dialética hegeliana que Adorno simplesmente abandone. Totalidade, mediação, síntese, Espírito (compreendido em chave não metafísica como trabalho social): nenhum destes conceitos será objeto de uma negação simples por parte de Adorno. Neste sentido, não se trata para Adorno de tentar, de alguma forma, refutar Hegel. Não se refuta um filósofo, como quem tenta falsificar alguma proposição factual de base. Vale para a leitura adorniana de Hegel o que dizia o próprio Hegel: "Não é difícil perceber que a maneira de expor um princípio, de defendê-lo com argumentos, de refutar também com argumentos o princípio oposto não é a forma na qual a verdade pode se manifestar".[13] O que não poderia ser diferente, já que um conceito filosófico não é uma *definição nominal* digna de figurar

11 Alain Badiou, La dialectique negative d'Adorno, in: *Cinq leçons sur le 'cas' Wagner*, Paris: Nous, 2010, p.65.

12 Adorno, *Dialética negativa*, op. cit., p.18.

13 Hegel, *Fenomenologia do Espírito*, Petrópolis: Vozes, 1992, p.47.

em dicionários, mas é a *descrição de um processo*, temporalmente distendido, de organização da experiência. Processo impulsionado ao ritmo de negações.

Sendo assim, podemos dizer que interpretar um conceito filosófico será, para Adorno, explicitar a necessidade de seu movimento no interior de situações sócio-históricas muitas vezes contraditórias entre si; situações às quais o conceito em questão foi referido. Não se trata de afirmar que tal multiplicidade de referências a situações contraditórias seja resultado da inabilidade de alguns em compreender a verdadeira referência do conceito. Na verdade, o movimento é interno ao próprio conceito. Neste sentido, trata-se de explicitar as tendências contrárias que o conceito, no limite, tentou unificar. Significa mostrar como, no interior do conceito, trabalham questões que um autor mobiliza muitas vezes sem saber, já que o autor é muito mais um suporte do que o agente destas questões. Por isto, um verdadeiro conceito filosófico nunca é homogêneo, mas move-se de maneira distinta em situações sócio-históricas específicas. Pois a situação sócio-histórica pressiona de outra forma o arranjo das tendências internas ao conceito. Isto vale profundamente para os conceitos hegelianos lidos por Adorno.

Notemos, por exemplo, que esta presença de tendências contrárias no interior de um mesmo conceito, tendências que fazem com que ele tenha valência distinta de acordo com a situação sócio-histórica na qual se encontra, pode nos explicar porque Adorno nunca nega completamente conceitos filosóficos complexos, como o de "progresso". Isto é visível, por exemplo, na natureza do movimento presente em uma definição como:

> A ideia de progresso é a ideia antimitológica por excelência, capaz de quebrar o círculo ao qual pertence. Progresso significa sair do encantamento – também o do progresso, ele mesmo natureza – à medida que a humanidade toma consciência de sua própria naturalidade, e por fim sair da dominação que [o progresso] exerce sobre a natureza e, através da qual, a da natureza se prolonga. Neste sentido, poder-se-ia dizer que o progresso acontece ali onde ele termina.[14]

A ideia de progresso, enquanto realização da consciência do caráter produtivo da liberdade humana, constitui-se em oposição à natureza como sistema fechado e estático de leis. Eis sua matriz "antimitológica". Mas ao criar tal oposição, o progresso "passa no seu oposto" e adquire o mesmo caráter coercitivo e brutal que a sociedade encontrara na natureza. Pois a crença no progresso se paga com a explicitação da relação à natureza como uma relação de dominação. As relações de dominação são, no entanto, regressões, e não progresso. Assim, se no século XVIII o progresso podia aparecer em sua potência de desmistificação contra o encantamento da natureza, agora que as consequências problemáticas da submissão integral da natureza à técnica são evidentes e redutoras, isso não terá mais lugar. Desta forma, ser fiel ao espírito antimitológico do progresso exige uma crítica à mitologia do progresso. Reversão possível porque a atualização do conceito em uma situação sócio-histórica determinada nunca equivale ao esgotamento completo do mesmo. Há de se perguntar, e esta é uma pergunta

14 Adorno, *Palavras e sinais: modelos críticos*, Petrópolis: Vozes, 1995, p.47.

dialética por excelência, sobre o que fica apenas em potência quando o conceito é atualizado em uma situação.

Tal estratégia de leitura, evidente na compreensão dos movimentos de interversão internos ao conceito, pode nos explicar por que ler um filósofo, seja Kierkegaard, Husserl ou Hegel, será, para Adorno, ato indissociável da exploração de tendências potenciais nos textos. Ato indissociável da exploração de mutações no sentido dos conceitos dos quais o filósofo se serve devido à modificação das situações sócio-históricas nas quais eles se inseriram. Por exemplo, Adorno lembra que falar em totalidade no interior de uma situação, como aquela em que Hegel viveu, na qual o Estado nacional era um ganho de racionalidade e de direito em relação ao arbítrio dos interesses locais, era muito diferente de falar em totalidade em uma época, como a nossa, de afirmação global da falsa universalidade do capital.

Levando isto em conta, podemos dizer que a dialética negativa de Adorno é o resultado não exatamente do abandono de certos conceitos e processos da dialética hegeliana, ou ainda, da amputação desta. Na verdade, *a dialética negativa será o resultado de um conjunto de operações de deslocamento no sistema de posições e pressuposições da dialética hegeliana*. Isto pode nos explicar esta peculiar operação na qual vemos todos os conceitos hegelianos em operação na dialética adorniana, mas sem poder mais ser postos tais como eles eram postos por Hegel, sem poder ser atualizados no interior das situações pensadas por Hegel. Pois Adorno sabe que, em certas situações, pôr um conceito de maneira direta é a melhor forma de anulá-lo. Deixá-lo em pressuposição é, às vezes, a melhor maneira de reconstruir sua força crítica. Como ele dirá:

> Mesmo o pensamento que se opõe à realidade ao sustentar a possibilidade sempre derrotada, só o faz na medida em que compreende a possibilidade sob o ponto de vista de sua realização, como possibilidade da realidade, algo em direção a qual a própria realidade, mesmo que fraca, estende seus tentáculos.[15]

Ou seja, a possibilidade que a crítica pressupõe como seu solo de orientação para a recusa do existente não é "mera possibilidade", mas uma espécie de *latência do existente.* A negatividade da possibilidade em relação ao efetivo é a processualidade que coloca o efetivo em movimento. Neste sentido, é típico de Adorno a consciência de que, muitas vezes, não se deve tentar explicitar o que está em latência. *Deslocar o sistema de posições e pressuposições da dialética hegeliana* implica recusar pôr reconciliações que Hegel julgava já maduras para serem enunciadas. Crença vinda, entre outras coisas, da defesa de que chegara a hora de confiar na força de explicitação da linguagem filosófica. Como veremos, esta confiança talvez seja o verdadeiro ponto fundamental de diferença entre Hegel e Adorno.

Se aceitarmos a interpretação que proponho, será necessário afirmar que os conceitos ligados ao momento "positivo-racional" da dialética não desaparecerão do pensamento adorniano. Eles deverão permanecer em pressuposição, isto a fim de recusar as conciliações em circulação na vida social contemporânea e, com a pressão do irreconciliável, abrir caminho para o advento de outra reconciliação. Pois, e este ponto é de suma importância, "a antecipação filosófica da reconci-

15 Ver p.117.

liação é um atentado contra a conciliação real",[16] já que, ao pôr abstratamente a reconciliação, a especulação filosófica, no fundo e de maneira insidiosa, apoia-se nas figuras concretas de reconciliação atualmente presentes na vida social. O que, segundo Adorno, deixa a reflexão indefesa para evitar a obrigação de justificar o curso atual do mundo e perpetuar falsas reconciliações.

A totalidade como processualidade contínua

Em suas leituras de Hegel, Adorno critica, principalmente, três figuras da posição dos momentos conciliadores da Ideia, a saber: o *Estado*, o *Espírito do mundo* como vetor da racionalidade do processo histórico, e a *identidade entre sujeito e objeto* no interior do absoluto. Estas são três figuras da totalidade que não poderão mais ser postas. São a elas que Adorno alude quando afirma: "nenhuma das reconciliações sustentadas pelo idealismo absoluto, desde a reconciliação lógica à histórico-política, se mostrou válida".[17] O que não significa em absoluto que toda experiência da totalidade estaria interditada ao pensamento ou estaria em operação apenas como referência negativa de uma ilusão que deveria ser, a todo momento, denunciada por ser o desdobramento constante da falsa universalidade do capital e da generalização da forma equivalente própria à lógica da mercadoria. De fato, a totalidade realizada na vida social é a exposição da inverdade do que o pensamento procura assegurar no nível especulativo, ou seja: "a verdade e inverdade no nível especulativo apresenta a inversão da inverdade e da verdade no

16 Ver p.48.

17 Adorno, *Dialética negativa*, op. cit., p.14.

nível histórico-real".[18] Mas, da mesma maneira como Adorno falará de uma "síntese não violenta", ele apresentará, em momentos importantes de sua obra, modelos de uma totalidade reconciliada. A boa questão consiste em se perguntar onde estão tais modelos e por que eles só podem funcionar, atualmente, em economia restrita, ou seja, em esferas específicas da vida social.

Todos conhecem a afirmação canônica de Adorno: "O todo é o não verdadeiro". Mas a análise detalhada da maneira com que Adorno compreende o problema da totalidade em Hegel demonstra um julgamento mais complexo. Pois ele sabe que a negação simples da experiência da totalidade leva, necessariamente, à fascinação positivista pela pretensa imediaticidade da facticidade e do meramente dado. Tal negação simples da totalidade é a senha para a validação de uma ciência que apenas constata, ordena e que, por se aferrar à afirmação da existência desconexa, perde a força para levar a cabo toda crítica à realidade reificada. Isto faz com que Adorno procure, em Hegel, o modelo de crítica a tal tentação positivista, e ele o encontrará exatamente no conceito de totalidade. Para tanto, Adorno precisa lembrar, sobre Hegel:

> Assim como as partes não são tomadas de maneira autônoma contra o todo, que é o elemento delas, o crítico dos românticos sabe também que o todo apenas se realiza por meio das partes, apenas por meio da separação, da alienação, da reflexão, em suma, por meio de tudo o que é anátema para a teoria da *Gestalt*.[19]

18 Ute Guzonni, *Sieben Stücke zu Adorno*, Munique: Karl Aber, 2003, p.90.
19 Ver p.20-1.

Ou seja, Adorno não defende a ideia corrente de que a totalidade em Hegel seria uma espécie de estrutura prévia à experiência da consciência, sempre presente e pronta para ser desvelada ao final por um processo que já estaria determinado desde sempre e que, por isto, não seria processo algum. O que nos daria uma totalidade como movimento sem acontecimento. Exemplo paradigmático de tal interpretação pode ser encontrado na crítica heideggeriana a Hegel.[20] Ao contrário, Adorno insiste que a totalidade em Hegel deve ser inicialmente vista como a quintessência dos momentos parciais que apontam para além de si mesmos. É isto que lhe permite afirmar que, no caso da totalidade hegeliana: "o nexo [entre os elementos] não é aquele da passagem contínua, mas da mudança brusca, o processo não ocorre na aproximação dos momentos, mas propriamente por meio da ruptura".[21] Esta é outra maneira de dizer que a totalidade *não deve ser compreendida como determinação normativa capaz de definir, por si só, o sentido daquilo que ela subsume, mas como a força de descentramento da identidade autárquica dos particulares.* Descentramento sentido pelos particulares como ruptura e mudança brusca. Isto leva Adorno a afirmar que o sistema

---

20 Por exemplo: "o progresso na marcha histórica da história da formação da consciência não é impulsionado, em direção ao ainda indeterminado, pela figura respectiva de cada momento da consciência, mas ele é impulsionado pelo alvo já pro-posto" (Heidegger, *Holzwege*, p.196). Em outra chave, mas com a mesma leitura, Habermas falará "de um espírito que arrasta para dentro do sorvo da sua absoluta autorreferência as diversas contradições atuais apenas para fazê-las perder o seu caráter de realidade, para transformá-las no *modus* da transparência fantasmagórica de um passado recordado – e para lhes tirar toda a seriedade" (Jürgen Habermas, *O discurso filosófico da modernidade*, op. cit., p.60).

21 Ver p.21.

hegeliano não quer ser um esquema que tudo engloba, mas o centro de força latente que atua nos momentos singulares, impulsionando tais momentos com a abertura da transcendência.

Desta forma, Adorno deve reconhecer, nos melhores momentos de seus textos, que em Hegel a totalidade não pode ser vista como negação simples do particular, como subsunção completa das situações particulares a uma determinação estrutural genérica. Ela será a consequência necessária da compreensão do particular ser sempre mais do que si mesmo, de ele nunca estar completamente realizado. Na verdade, ela aparecerá como condição para que a força que transcende a identidade estática dos particulares não seja simplesmente perdida, mas possa produzir relações.

A este respeito, é possível dizer que podemos compreender a totalidade, como categoria dialética, de duas formas. No primeiro caso, ela aparece como estrutura fechada onde todas suas relações são necessárias, pois previamente determinadas no interior de um sistema metaestável. Neste contexto, as relações de necessidade tendem a ser profundamente deterministas, como podemos encontrar, por exemplo, em certas afirmações de Lukács, como:

> Ao se relacionar a consciência com a totalidade da sociedade, torna-se possível reconhecer os pensamentos e os sentimentos que os homens *teriam tido* numa determinada situação da sua vida, *se tivessem sido capazes de compreender perfeitamente* essa situação e os interesses dela decorrentes, tanto em relação à ação imediata, quanto em relação à estrutura de toda a sociedade conforme esses interesses.[22]

22 Georg Lukács, *História e consciência de classe*, São Paulo: Martins Fontes, 2003, p.141.

Lukács não poderia ser mais claro: a atualização da totalidade como chave explicativa dos fenômenos permitiria a dedução da figura necessária dos particulares, caso estes realmente estivessem à altura de sua posição em uma situação dada. No ponto de vista político-social, tal totalidade atualizada pela consciência de classe seria, por sua vez, a condição para a transformação revolucionária da história e para a crítica da falsa consciência imersa em seus particularismos e parcialidades. Provavelmente, leituras inspiradas na totalidade hegeliana como esta são uma das principais razões para o caráter muitas vezes hiperbólico da crítica adorniana a Hegel.

No entanto, podemos encontrar em Hegel uma noção relativamente distinta de totalidade, a saber, algo que deve ser descrito como uma processualidade em contínua reordenação de séries de elementos anteriormente postos em relação. Neste caso, as relações entre os elementos e momentos continuam necessárias, mas tal necessidade não obedece a uma lógica determinista, e sim a um processo de transfiguração da contingência em necessidade. Tal transfiguração exige pensar a totalidade como um sistema aberto ao desequilíbrio periódico, pois a integração contínua de novos elementos inicialmente experimentados como contingentes e indeterminados reconfigura o sentido dos demais. A negação determinada não aparece assim apenas como passagem de um conteúdo a outro que visaria mostrar o caráter limitado dos momentos parciais da experiência. Ela é principalmente a reconfiguração posterior de conteúdos já postos tomados como conjunto. O movimento que a negação determinada produz é um movimento de mutação para frente, mas também para trás. Adorno insiste neste ponto ao afirmar que aquilo que Hegel denomina como síntese "não é apenas a qualidade emergente da negação determinada e simplesmente nova, mas o retorno do negado; a progressão dialética é sempre também um recurso àquilo que se tornou vítima do conceito progressivo: o progresso na concreção do conceito é a sua autocorreção".[23]

Se quisermos, podemos afirmar que um belo exemplo deste movimento é a maneira com que Hegel lembra que o Espírito pode "desfazer o acontecido" (*ungeschehen machen kann*),[24] reabsorvendo o fato em uma nova significação. É só em uma totalidade pensada como processualidade contínua que o acontecido pode ser desfeito e que as feridas do Espírito podem ser curadas sem deixar cicatrizes.[25] Neste ponto, é difícil não concordar com Lebrun, para quem: "Se a História progride é para olhar para trás; se é progressão de uma linha de sentido é por retrospecção [...] a 'Necessidade-Providência' hegeliana é tão pouco autoritária que mais parece aprender, com o curso do mundo, o que eram os seus desígnios".[26]

---

23 Adorno, *Dialética negativa*, op. cit., p.276.

24 Hegel, *Fenomenologia do Espírito II*, Petrópolis: Vozes, 1991, p.139.

25 "As feridas do espírito são curadas sem deixar cicatrizes. O fato não é o imperecível, mas é reabsorvido pelo espírito dentro de si; o que desvanece imediatamente é o lado da singularidade (*Einzelnheit*) que, seja como intenção, seja como negatividade e limite próprio ao existente, está presente no fato" (Hegel, *Fenomenologia do Espírito II*, op. cit., p.140 – tradução modificada).

26 Gerard Lebrun, *O avesso da dialética*, São Paulo: Companhia das Letras, 1988, p.34-6. Levando em conta tal leitura, Žižek dirá, de maneira justa: "É assim que deveríamos ler a tese de Hegel de que, no curso do desenvolvimento dialético, as coisas 'tornam-se aquilo que são': não que um desdobramento temporal simplesmente efetive uma estrutura conceitual atemporal preexistente – essa estrutura conceitual é em si o resultado de decisões temporais contingentes"

Assim, a totalidade não pode ser definida aqui como o que permite a *compreensão semântica* de todos os elementos que ela subsume (como está pressuposto na citação acima de Lukács), mas como a perspectiva que permite a *compreensão sintática do movimento* de reabsorção contínua do que inicialmente apareceu como indeterminado e contingente. Pois há, *no interior mesmo da ontologia hegeliana*, um risco de indeterminação que sempre devemos inicialmente *assumir* para poder após *conjurar*.[27]

O mais desastroso desentendimento desde Kierkegaard

Talvez o melhor exemplo a respeito desta concepção processual de totalidade seja a dialética entre sujeito e objeto, já que a relação dialética entre sujeito e objeto é a base metodológica para a compreensão das relações entre forma e material, conceito e intuição, identidade e diferença, entre tantos outros. De fato, há uma proximidade nem sempre relevada a respeito da dialética entre sujeito e objeto em Hegel e Adorno. Proposição que pode parecer inicialmente disparatada e ir na contramão de várias asserções explícitas do próprio Adorno. Pois, em mais de um momento, Adorno age como quem afirma que Hegel não pode

---

(Slavoj Žižek, *Menos que nada: Hegel e a sombra do materialismo dialético*, São Paulo: Boitempo, 2013, p.59).

27 De fato: "Cada vez que Hegel chega a um momento de perfeição no qual a identidade parece fechar-se em si mesmo para um gozo autárquico, é a negação desta identidade que salva o Absoluto da abstração e da indeterminação" (Mabille, "Idéalisme spéculatif, subjectivité et négations", in: Goddard (org.) *Le Transcendantal et le spéculatif*, Paris: Vrin, 1999, p.170).

levar a dialética sujeito-objeto às suas reais consequências. Daí a necessidade de afirmações como:

> O sujeito-objeto hegeliano é sujeito. Isso esclarece a contradição não resolvida no que se refere à exigência do próprio Hegel de uma coerência total, segundo a qual a dialética sujeito-objeto, que não é subordinada a nenhum conceito superior abstrato, perfaz o todo e, entretanto, se realiza por sua vez como a vida do Espírito absoluto.[28]

Adorno reconhece o momento de verdade da crítica hegeliana da oposição entre a consciência que concede forma e a simples matéria. Ele sabe que a construção da consciência-de-si como unidade especulativa entre sujeito e objeto abre espaço para pensarmos a partir da própria coisa, já que ela não é relegada à condição de simples matéria impensada. Neste sentido, Adorno insiste que, para Hegel:

> mediação nunca significa, como a pintou o mais desastroso desentendimento desde Kierkegaard, um meio entre os extremos, mas a mediação ocorre por meio dos extremos e nos próprios extremos; esse é o aspecto radical de Hegel, que é irreconciliável com todo moderantismo [*Moderantismus*].[29]

Esta mediação por meio dos extremos é, no entanto, a maneira com que a própria dialética negativa funciona. O que demonstra quão equivocadas são as perspectivas que procuram diferenciar a dialética hegeliana e a dialética adorniana a partir da

---

28 Ver p.30-1.
29 Ver p.25.

pretensa distinção entre seus modelos de mediação.[30] Tanto é assim que Adorno dará um nome para tal mediação por meio dos extremos e nos próprios extremos que estaria entre operação na dialética entre sujeito e objeto: mimese. Mas Adorno aproxima, de maneira explícita, negação determinada hegeliana e mimese, como vemos em uma afirmação como:

> O conceito especulativo hegeliano salva a mimese por meio da autoconsciência do Espírito: a verdade não é *adaequatio*, mas afinidade e, no idealismo em declínio, esse retorno da razão à sua essência mimética é revelada por Hegel como seu direito humano.[31]

Assim, longe de se reduzir a uma relação meramente projetiva entre sujeito e objeto, a dialética hegeliana reconhece afinidades miméticas que modificam a identidade dos dois polos. Mas isso significa necessariamente reconhecer que o sujeito encontra, no interior de si mesmo, um "núcleo do objeto",[32] isto no sentido de uma opacidade própria à resistência do que se objeta à apreensão integral da consciência.[33] Esse reconhecimento, por sua vez, é a maneira com que uma certa reconcilia-

---

30 Como em Brian O'Connor, Hegel, Adorno and the Concept of Mediation, *Bulletin of the Hegel Society of Great Britain* (39/40), p.84-96.

31 Ver p.65.

32 Adorno, *Palavras e sinais: modelos críticos II*, Petrópolis: Vozes, 1995, p.188.

33 O que leva Adorno a afirmar que: "a construção do sujeito-objeto possui uma duplicidade insondável. Ela não se contenta em falsificar ideologicamente o objeto e em transformá-lo no ato livre do sujeito absoluto, mas também reconhece no sujeito o elemento objetivo que se apresenta e com isso restringe anti-ideologicamente o sujeito" (Adorno, *Dialética negativa*, op. cit., p.290).

ção opera na dialética negativa todas as vezes que Adorno fala da relação entre sujeito e objeto como uma "comunicação do diferenciado".[34]

Mas, assim como é impossível, ao mesmo tempo, guardar o bolo e comê-lo, não é possível dizer, ao mesmo tempo, que "o sujeito-objeto hegeliano é sujeito" e que "o conceito especulativo hegeliano salva a mimese por meio da autoconsciência do Espírito". Isso porque, no primeiro caso, temos uma projeção irrefletida, enquanto, no segundo, ainda temos uma projeção, mas submetida à dupla reflexão de quem compreende a necessidade de internalizar o momento de resistência do objeto à organização conceitual.

Neste sentido, lembremos como o pensamento mimético, para Adorno, não é um modo de pensamento marcado pela crença na força cognitiva das relações de semelhança e de analogia. A imitação própria ao pensamento mimético é, principalmente, compreendida como a capacidade transitiva de se colocar em um outro e como um outro. A mimese seria modo de superar a dicotomia entre eu e outro (seja tal dicotomia construída na forma sujeito/objeto, conceito/não conceitual ou cultura/natureza) através da identificação com aquilo que me aparece como oposto. Ela é, neste contexto, internalização das relações de oposição, transformação de um limite externo em diferença interna. Não a mera imitação do objeto, mas a assimilação de si pelo objeto. Por isso, Adorno descreverá a

34 Adorno, *Palavras e sinais*, op. cit., p.184. Neste sentido, é correto dizer que a dialética negativa nos remete a uma relação sujeito-objeto que se situa "não apenas para além de suas identidades, mas também para além de suas diferenças" (Ricard, La Dialectique de T. W. Adorno, *Laval Théologique et Philosophique*, 55, 2 (jun. 1999, p.271).

mimese como um regime de mediação por meio dos extremos e nos próprios extremos.[35] Mediação capaz de construir um modelo de reconciliação que o filósofo chamará de "comunicação do diferenciado".

Se Adorno afirma que o conceito especulativo hegeliano salva a mimese, o que pressupõe a ideia de que a racionalidade mimética e a racionalidade conceitual não têm entre si uma relação de negação simples, é porque afirmações como: "O Eu é o conteúdo da relação e a relação mesma, defronta um Outro e ao mesmo tempo o ultrapassa; e esse Outro, para o Eu, é apenas ele próprio"[36] não podem simplesmente significar a submissão da relação sujeito-objeto à estrutura projetiva do sujeito. Se o Eu é ao mesmo tempo a forma e o conteúdo da relação é porque algo da opacidade do conteúdo à forma já é interno ao próprio Eu. Esta mediação por meio dos extremos da forma e do conteúdo já é uma mediação interna ao Eu. O que implica internalização da alteridade para o âmago do Eu.[37]

---

35 A respeito do conceito adorniano de mimese, tomo a liberdade de remeter ao meu "Reconhecimento e dialética negativa", in: Vladimir Safatle, *A paixão do negativo: Lacan e a dialética,* São Paulo: Unesp, 2006.

36 Hegel, *Fenomenologia do Espírito I,* op. cit., p.119-20.

37 Este modelo de reconciliação dialética foi bem compreendido por Žižek quando afirma, explorando a via complementar, que a reconciliação deve ser pensada como a duplicação de duas separações: "o sujeito tem de reconhecer em sua alienação da substância a separação da substância consigo mesma. Essa sobreposição [e o que se perdeu na lógica feuerbachiana-marxista da desalienação na qual o sujeito supera sua alienação reconhecendo-se como o agente ativo] que pôs o que aparece para ele como seu pressuposto substancial" (Žižek, *Menos que nada,* op. cit., p.101). No entanto, Žižek não leva em conta como este modelo está presente na dialética negativa de Adorno.

É assim que podemos ler uma afirmação como: "A consciência-de-si é a reflexão, a partir do ser do mundo sensível e percebido; é essencialmente o retorno a partir do ser-Outro".[38] Podemos compreender tal passagem da consciência-de-si pela alteridade do ser do mundo sensível percebido, com seu posterior retorno, levando em conta como, na certeza sensível e na percepção, a consciência teve a experiência de resistência do objeto às tentativas de aplicação do conceito à experiência. No próprio campo da experiência, ela confrontou com algo que negava a aplicação do conceito à experiência, tendo a experiência de uma diferença em relação ao conceito, uma diferença vinda do objeto. Retornar de seu ser-Outro é assim internalizar tal diferença, reorientando não apenas as relações ao objeto, mas também as relações de identidade no interior do si mesmo.

Tal reconhecimento de si no que há de opaco no objeto parece-me uma operação central na estratégia hegeliana, já que ela nos leva ao capítulo final da *Fenomenologia.* Neste momento central de reconciliação, Hegel apresenta um julgamento infinito (*unendlichen Urteil*)[39] capaz de produzir a síntese da dialética entre sujeito e objeto. Trata-se da afirmação: "o ser do eu é uma coisa (*das Sein des Ich ein Ding ist*); e precisamente uma coisa sensível e imediata (*ein sinnliches unmittelbares Ding*)". Desta afirmação, segue-se um comentário: "Este julgamento, toma-

38 Hegel, *Fenomenologia do Espírito I*, p.120.

39 Hegel definiu o julgamento infinito como uma relação entre termos sem relação: "Ele deve ser um julgamento, conter uma relação entre sujeito e predicado, mas tal relação, ao mesmo tempo, não pode ser" (Hegel, *Wissenschaft der Logik II*, p.123). No entanto: "o julgamento infinito, como infinito, seria a realização da vida incluindo-se (*erfassenden*) a si mesmo" (Hegel, *Fenomenologia do Espírito I*, p.220).

do assim como imediatamente soa, é carente-de-espírito, ou melhor, é a própria carência-de-espírito", pois se compreendemos a coisa sensível como uma predicação simples do eu, então o eu desaparece na empiricidade da coisa – o predicado põe o sujeito: "mas quanto ao seu conceito, é de fato o mais rico-de-espírito".[40] Trata-se de afirmações de importância capital, pois nos demonstram que, ao menos na *Fenomenologia*, o término do trajeto especulativo só se dá com o julgamento: "o ser do eu é uma coisa". Aqui se realiza o reconhecimento de que: "a consciência de si é justamente o conceito puro sendo-aí, logo *empiricamente perceptível* (*empirisch wahrnehmbare*)".[41] Mas se trata de uma modalidade de reconhecimento que só se efetiva quando o sujeito encontra, em si mesmo e de maneira determinante, um núcleo do objeto. Encontro que não é subsunção simples do objeto, mas insistência na racionalidade do movimento do Espírito em integrar continuamente o que inicialmente aparece como opaco às determinações de sentido. Tais colocações devem ser levadas em conta para compreendermos melhor a processualidade própria à totalidade hegeliana. Colocações que o próprio Adorno reconhece sua pertinência ao afirmar:

> Por mais que nada possa ser predicado de um particular sem determinidade e, com isso, sem universalidade, o momento de algo particular, opaco, com o qual essa predicação se relaciona e sobre o qual ela se apoia, não perece. Ele se mantém em meio à constelação; senão a dialética acabaria por hipostasiar a mediação

40 Hegel, *Fenomenologia II*, op. cit., p.209.

41 Hegel, *Wissenschaft der Logik II*, op. cit., p.307.

> sem conservar os momentos da imediaticidade, como aliás Hegel perspicazmente o queria.[42]

Um "aliás" bastante sugestivo.

A impotência do Estado

Mas se tal interpretação aqui sugerida é defensável, o que mostraria não haver, no limite, distinções lógico-estruturais fundamentais entre a dialética adorniana e a dialética hegeliana, por que Adorno abandona os dois campos privilegiados de posição da experiência da totalidade em Hegel, a saber, o Estado e a história? Por que Adorno se recusa a pensar, como Hegel, as condições para a efetivação de um Estado justo, assim como a possibilidade de referir-se à história atual como processo em direção à realização institucional da liberdade? Vejamos melhor estes dois pontos.

Sobre a teoria hegeliana do Estado, Adorno afirmará que Hegel sabe muito bem como a sociedade civil é uma totalidade antagônica. Da mesma forma, ele sabe que as contradições da sociedade civil não podem ser resolvidas através de seu movimento próprio. Sabemos como Hegel, ao insistir que a distinção entre sociedade civil e Estado é uma característica maior do mundo moderno, se contrapõe a certas teorias liberais que compreendem o Estado apenas como a estrutura institucional, cuja função seria garantir e assegurar o bom funcionamento da sociedade civil a partir de princípios de defesa dos indivíduos com seus interesses econômicos particulares. Hegel não

42 Adorno, *Dialética negativa*, op. cit., p.273.

teria problemas em admitir que "a sociedade civil é o fundamento objetivo da emancipação dos cidadãos modernos e da subjetividade moderna".[43] Mas ele insistiria que, levando em conta apenas seu movimento próprio, a sociedade civil, como expressão dos princípios do livre-mercado, tende fundamentalmente à atomização social, à clivagem e à pauperização de largas camadas da população. Lembremos deste famoso trecho dos *Princípios da filosofia do direito*:

> Quando a sociedade civil não se encontra impedida em sua eficácia, então em si mesma ela realiza uma progressão de sua *população* e *indústria*. Através da *universalização* das conexões entre os homens devido a suas necessidades e ao crescimento dos meios de elaboração e transporte destinados a satisfazê-las, cresce, de um lado, a acumulação de fortunas – porque se tira o maior proveito desta dupla universalidade. Da mesma forma, do outro lado, cresce o *isolamento* e a *limitação* do trabalho particular e, com isto, a *dependência* e a *extrema necessidade* (*Not*) da classe (*Klasse*) ligada a este trabalho, a qual se vincula a incapacidade ao sentimento e ao gozo de outras faculdades da sociedade civil, em especial dos proveitos espirituais.[44]

O modo de inserção no universo do trabalho depende, segundo Hegel, de uma relação entre capital e talentos que tenho e que sou capaz de desenvolver. Isto implica não apenas entrada desigual no universo do trabalho, mas também tendência à

43 Garbis Kortian, *Subjectivity and Civil Society*, in: Z. A. Pelczynski, *The State and Civil Society*: Studies in Hegel's Political Philosophy, Cambridge: Cambridge University Press, 1984, p.203.

44 Hegel, *Filosofia do direito*, § 243.

concentração da circulação de riquezas nas mãos dos que já dispõem de riquezas, assim como o consequente aumento da fratura social e da desvalorização cada vez maior do trabalho submetido à divisão do trabalho. Desta forma, na aurora do século XIX, Hegel é um dos poucos filósofos a se mostrar claramente consciente tanto dos problemas que organizarão o campo da *questão social* nas sociedades ocidentais a partir de então, quanto da real extensão destes problemas. Para ele, essa tendência de aumento das desigualdades e da pauperização, tendência que o leva a afirmar que por mais que a sociedade civil seja rica, ela nunca é suficientemente rica para eliminar a pobreza, é um problema que exigiria o recurso a um conceito de Estado justo. Adorno sabe disto. Tanto que afirmará:

> O livre jogo de forças da sociedade capitalista, cuja teoria econômica liberal Hegel aceitara, não possui nenhum antídoto para o fato de a pobreza, o "pauperismo", segundo a terminologia de Hegel atualmente em desuso, aumentar com a riqueza social; menos ainda poderia Hegel imaginar uma elevação da produção que faria troça da afirmação de que a sociedade não seria suficientemente rica em mercadorias. O Estado é solicitado desesperadamente como uma instância para além desse jogo de forças.[45]

Tal recurso ao Estado como expressão do desespero mostra a verdadeira potência crítica da dialética hegeliana. Adorno chega a dizer que o recurso hegeliano ao Estado é um ato necessário de violência contra a própria dialética porque, de outra forma, a sociedade se dissolveria em antagonismos insuperá-

45 Ver p.51.

veis. Ou seja, ele sabe o que está em jogo na aposta hegeliana pelo Estado. Adorno só não está seguro de que tal aposta poderá ser paga com a moeda que Hegel tem em mãos. Colabora para tal desconfiança a compreensão adorniana da natureza da imbricação atual entre Estado e capitalismo. Imbricação na qual "o intervencionismo econômico não é enxertado de um modo estranho ao sistema, mas de modo imanente a ele, como a quintessência da autodefesa do sistema capitalista".[46] Na esteira das discussões de Friedrich Pollock a respeito do "capitalismo de Estado", mas com um diagnóstico relativamente distinto, Adorno acaba por apontar a mesma impossibilidade de pôr um Estado justo em nossa situação sócio-histórica. Sua articulação orgânica com as dinâmicas monopolistas do capitalismo tardio lhe retiraria toda possibilidade de ser um veículo de justiça social.

Acresce-se a esta análise de situação ligada aos desdobramentos do capitalismo um antijuridismo que tem, de certa forma, matrizes ontológicas. O que nos permite perguntar se não seria tal antijuridismo que, em última instância, fecha as portas para todo e qualquer pensamento sobre as instituições que não se resuma à crítica do poder. Basta levarmos a sério afirmações como:

> O meio no qual o mal, em virtude de sua objetividade, alcança um ganho de causa e conquista para si a aparência do bem é, em larga medida, esse da legalidade, que certamente protege positivamente a reprodução da vida, mas em suas formas existentes; graças ao princípio destruidor da violência, ele traz a tona seu

46 Adorno, Spätkapitalismus oder Industriegesellschaft?, p.363-364. In: *Soziologische Schriften I*, Suhrkamp: Frankfurt, 2003.

> princípio destrutivo. [...] Que o singular receba tanta injustiça quando o antagonismo de interesses o impele à esfera jurídica, não é, como Hegel gostaria de dizer, sua culpa, como se ele fosse cego para reconhecer seus próprios interesses na norma jurídica objetiva e suas garantias, mas ela é, muito mais, culpa da própria esfera jurídica.[47]

Nota-se que a crítica não está ligada ao ordenamento jurídico atualmente existente, mas à própria noção de norma jurídica enquanto tal, com sua universalidade abstrata. De fato, uma crítica desta natureza acaba até mesmo por secundarizar a crítica do Estado enquanto "quintessência da autodefesa do sistema capitalista". Diante dela, toda teoria do Estado como instituição capaz de realizar as exigências de uma totalidade que dê forma à experiência do não idêntico e, com isto, permitir a realização das condições para a liberdade social e para a emancipação das amarras do pensamento identitário, torna-se ontologicamente impossível. O que deixa questões importantes referentes ao modelo de ação política que a perspectiva adorniana poderia acolher.

Notemos, no entanto, que não será a única vez que, no interior da filosofia do século XX, a crítica do Estado e da figura da norma jurídica serão elevadas a modelo de denúncia contra falsas reconciliações. Todo leitor dos últimos cursos de Michel

47 Adorno, *Negative Dialektik*, Frankfurt: Suhrkamp, 1973, p.303-4. O que nos explica afirmações peremptórias como: "O direito é o fenômeno originário da racionalidade irracional (*Recht ist das Urphänomen irrationaler Rationalität*). Nele, o princípio formal de equivalência transforma-se em norma, tudo é medido com a mesma régua" (Idem, p.304).

Foucault no Collège de France e sua crítica à "juridificação progressiva da cultura ocidental"[48] reconhecerá uma peculiar semelhança de família. Ela deveria ser explorada de maneira mais sistemática. Ou seja, a recusa da temática do Estado justo não é, em Adorno, sintoma de um niilismo político desenfreado, mas condição para um outro pensamento político, estruturalmente distinto do pensamento hegeliano.

Da atiradeira à bomba atômica

Analisemos agora o destino da temática hegeliana da história como reconciliação. Normalmente, Adorno é descrito como um dialético que se desespera da crença hegeliana na história enquanto discurso da realização institucional progressiva da liberdade. Contrariamente a Hegel, impulsionado pelos novos horizontes abertos pela Revolução Francesa, Adorno teria em mente, de maneira ainda muito viva, fatos como a adesão de parte significativa do proletariado alemão ao nazismo e catástrofes como o holocausto judeu. De fato, não são poucos aqueles que dirão que a filosofia de Adorno é marcada, sobretudo, por Auschwitz, isto a ponto de ela estabelecer como imperativo categórico para a contemporaneidade: "tudo fazer para que Auschwitz nunca mais ocorra". Um dos pensadores mais recentes a insistir neste ponto foi Alain Badiou, para quem, em Adorno:

> Trata-se de saber quais são as redes e condições de possibilidade de um pensamento após Auschwitz, ou seja, de um pensamento

48 Ver, por exemplo, Foucault, *L'Herméneutique du sujet*, Paris: Gallimard/ Seuil, 2001, p.109.

> que, em vista do que foi Auschwitz, não seja um pensamento obsceno, mas antes um pensamento cuja dignidade seria preservada devido a razão dele ser um pensamento após Auschwitz.[49]

Badiou afirma isto para salientar o pretenso caráter eminentemente negativo e fatalista da reflexão adorniana sobre a história. Isso porque Adorno seria incapaz de compreender que nenhuma filosofia pode ser solidária apenas de um acontecimento meramente negativo (evitar algo, impedir que algo aconteça novamente etc.). Toda verdadeira filosofia traria também consigo a exigência de pensar a partir de um acontecimento portador de promessas instauradoras, o que não poderíamos encontrar em Adorno.

Mas analisemos melhor a posição adorniana. Lembremos, inicialmente, como Adorno não chega a simplesmente desqualificar a necessidade de um discurso da história universal em prol, por exemplo, da multiplicidade irredutível de histórias sem perspectiva teleológica alguma.[50] Ao criticar o conceito hegeliano de Espírito do mundo, Adorno mira o pretenso caráter afirmativo da filosofia hegeliana da história, que parece transmutar a violência contra o particular em uma estratégia de afirmação da necessidade de realização do universal através da aceitação de uma teoria do fato consumado. Para tanto, Adorno precisa passar por cima e não tirar as consequências da ideia hegeliana de que, na história, "o interesse particular da paixão é inseparável da ação geral".[51] Da mesma forma, ele não

49 Badiou, op. cit., p.47.

50 Como podemos ver, por exemplo, em Paul Ricoeur, *História, memória, esquecimento*, Editora da Unicamp, Campinas, 2006.

51 Hegel, Vorlesungen über die Philosophie der Geschichte, Suhrkamp, Frankfurt, p.31.

deve relevar o fato de uma filosofia da história que simplesmente "despacharia tudo o que é individual"[52] não poder dar tanto espaço para a importância da ação individual de "grandes homens", como vemos na filosofia da história hegeliana, nem afirmar que o lado subjetivo das ações tem "um direito infinito a ser satisfeito". Defender a possibilidade de transmutação do individual no interior da história não equivale a uma negação simples do indivíduo.[53] O que nos permite perguntar se as injunções de Adorno contra o destino do individual em Hegel não estariam mais bem adaptadas para descrever as interpretações feitas por Lukács sobre o mesmo problema.

De toda forma, Adorno sabe que o conceito de Espírito do mundo não pode ser negado de maneira simples:

> A descontinuidade e a história universal precisam ser pensadas juntas. Riscar esta história universal como resíduo de uma crença metafísica confirmaria intelectualmente a mera facticidade enquanto única coisa a ser conhecida e por isto aceita, do mesmo modo que a soberania, que subordinava os fatos à marcha triunfal do espírito uno, a ratificara antes como expressão desta história. A história universal precisa ser construída e negada.[54]

Ela deve ser construída enquanto perspectiva crítica que permite nos livrarmos da tendência a simplesmente confirmar a mera facticidade. Encontramos assim, mais uma vez, o receio adorniano de uma reflexão sem recurso algum à totalidade se

---

52 Adorno, *Minima moralia*, São Paulo: Ática, 1993, p.9.

53 Para uma crítica hegeliana da crítica adorniana ao destino do indivíduo em Hegel, ver Denise Souche-Dagues, *Logique et politique hégéliennes*, Paris: Vrin, 1995.

54 Adorno, *Dialética negativa*, op. cit., p.266.

transformar na afirmação positivista da ilusão do dado bruto. Por outro lado, a história universal e, com isto, o Espírito do mundo devem ser negados a fim de salientar como, até agora, a unidade entre os vários momentos históricos se deixa ler apenas como aprofundamento progressivo dos mecanismos de dominação da natureza e, por fim, de dominação da natureza interior. Isso leva Adorno a afirmar: "não há nenhuma história universal que conduza do selvagem à humanidade. Mas há certamente uma que conduza da atiradeira à bomba atômica".[55] É certamente uma consciência desta natureza que levará Adorno a definir *o Espírito do mundo como catástrofe permanente.*

Mas há de se colocar alguns parênteses neste aparente niilismo para o qual a universalidade do processo histórico seria apenas a perspectiva de denúncia de uma falsa totalidade cada vez mais inexorável. A definição do Espírito do mundo como catástrofe permanente pressupõe um sofrimento social advindo da consciência de algo ainda não realizado na história. Se os sujeitos não medissem a efetividade com a promessa do que não se realizou, dificilmente a configuração do presente poderia ser vivenciada como catastrófica. Neste sentido, a estratégia adorniana baseia-se na pressuposição de uma experiência histórica em latência, que insiste como uma carta não entregue. Notemos, a este respeito, que nem sempre o Espírito do mundo aparece a Adorno como a consciência da catástrofe. Levemos a sério, por exemplo, a seguinte afirmação:

> Nas fases em que o espírito do mundo, a totalidade, se obscurece, mesmo as pessoas notoriamente dotadas não conseguem se

55 Idem.

> tornar o que são; em fases favoráveis, tal como o período durante e logo após a Revolução Francesa, indivíduos medianos foram elevados muito acima de si mesmos.[56]

Note-se aqui (e nisto não poderíamos ser mais hegelianos) que a história universal, quando se realiza como expressão do Espírito do mundo, eleva os indivíduos acima de si mesmos por abrir espaço a uma ação social que não é meramente individual, mas promessa de realização de uma universalidade capaz de fazer a institucionalização da liberdade avançar. O exemplo da Revolução Francesa não poderia ser mais evidente neste sentido. Se assim for, então não devemos nos perguntar se é lícito ou não pressupor, em Adorno, algo como o Espírito do mundo. Ele precisa estar pressuposto para dar à crítica uma orientação normativa. Melhor seria se perguntar por que toda tentativa atual de afirmá-lo só pode obscurecê-lo.

Neste ponto, Adorno age como quem aprendeu claramente a lição de Freud, referência maior para a antropologia filosófica que anima todas suas considerações sobre a história universal desde o primeiro capítulo da *Dialética do esclarecimento*. Pois Freud nos lembra como o processo de desenvolvimento social e maturação individual é pago com a constituição de um passado recalcado, no qual encontramos as marcas da brutalidade da dinâmica de racionalização social. Não é outro o tema geral de *O mal-estar na civilização*. A incapacidade de rememorar tal passado, integrando-o em um novo arranjo do presente, é fonte maior de patologia e sofrimento. Na verdade, patologia de quem luta para não ouvir a pressão de uma vida racional que ainda não

56 Adorno, *Dialética negativa*, op. cit., p.255.

se realizou, e que só pode se realizar se souber como integrar aquilo que ficou para trás no processo de racionalização social.

Assim, a impossibilidade de afirmar a história como horizonte de realização institucional progressiva da liberdade não aparece como expressão de alguma forma de niilismo. Ela é condição para que o que ainda não encontrou espaço no interior de uma história que impôs certa figura do humano e da humanidade, ou seja, que constituiu uma antropologia determinada, possa ser reconhecido em sua potência de transformação. É da astúcia do Espírito do mundo, reconstruído pela dialética negativa, se voltar para o que ainda não tem história a fim permitir à história continuar.

A reconciliação musical

Aceita tal interpretação, devemos nos perguntar se Adorno acredita haver algum espaço na vida social onde possa ser posta uma experiência da totalidade como processualidade contínua, força que transcende a identidade estática dos particulares, e não como determinação normativa forte e sistema metaestável. Se quisermos uma resposta positiva a tal questão, devemos voltar os olhos em direção à estética musical. O que não deveria nos estranhar, já que Adorno afirmará que a apreensão da totalidade como esta identidade em si mesma mediada pela não identidade é uma lei da forma artística transposta para a filosofia.

Para alguns, tal recurso à estética musical pode parecer extemporâneo. No entanto, Adorno nunca partilhou da desqualificação filosófica da práxis artística ou de sua compreensão como mera esfera "compensatória" para uma época incapaz de levar a cabo grandes transformações estruturais. Para ele, tratava-se, ao contrário, de uma esfera fundamental da práxis social, com forte capacidade indutiva para o campo da moral, da teoria do conhecimento e da política. Ou seja, a filosofia adorniana exige uma compreensão mais alargada de práxis social, na qual a produção estética possa ser reconhecida em sua força de transformação das formas de vida; o que, é fato, implica virar o pensamento hegeliano, com seu diagnóstico do fim da arte como veículo do Espírito, simplesmente de cabeça para baixo.

A este respeito, lembremos como a *Teoria estética* adorniana não temia afirmar que "a problemática da teoria do conhecimento retorna (*wiederkehren*) imediatamente na estética".[57] Ela vai ainda mais longe, na medida em que assevera que a formalização estética deve ser compreendida com "correção do conhecimento conceitual", já que a "arte é racionalidade que critica a racionalidade sem dela se esquivar".[58] Pois: "Com o progresso da razão, apenas as obras de arte autênticas conseguiram evitar a simples imitação do que já existe".[59] Um exemplo do gênero de "correção" que a arte pode nos fornecer: "A grosseria do pensamento é a incapacidade de operar diferenciações no interior da coisa, e a diferenciação é tanto uma categoria estética quanto uma categoria do conhecimento".[60]

Este regime de recurso filosófico à arte será uma constante na experiência intelectual de Adorno. Vemos, aqui, que a arte não é utilizada como álibi para o abandono do conceito em prol de alguma espécie de imanência com domínios pré-conceituais

---

57 Adorno, *Ästhetische Theorie*, Frankfurt: Suhrkamp, 1972, p.493.
58 Idem, p.87.
59 Adorno e Horkheimer, *Dialética do Esclarecimento*, op. cit., p.34.
60 Adorno, ibidem, p.344.

da intuição, de afinidade pré-reflexiva entre sujeito e natureza ou de hipóstase do inefável, do arcaico e do originário. Ao contrário, tal recurso privilegiado quer dizer simplesmente que precisamos sustentar novos modos de *formalização* e *ordenação* que não sejam mais assentados na repressão da experiência de não identidade. Modos que, em certas situações históricas, encontram sua primeira manifestação na arte, isto para depois desdobrarem-se em outras esferas da vida social. Foi esta a aposta que animou a experiência intelectual de Adorno: *pensar a partir das promessas de uma nova ordem trazida pelo setor mais avançado da produção artística de seu tempo*. Digamos que este foi o solo positivo de sua dialética negativa.

Neste sentido, não é desprovido de interesse lembrar como Hegel aparece no horizonte da estética musical de Adorno, mesmo que a estética hegeliana, devido ao seu antirromantismo declarado, não leve a música em muito boa conta.[61] Por exemplo, ao insistir nas comparações entre os processos construtivos de Beethoven e o projeto da *Ciência da Lógica*,[62] Adorno

61 Para a relação entre Hegel e a música, ver, principalmente, Carl Dahlhaus, *Die Idee der absoluten Musik*, Kassel, Bärenreiter Verlag, 1978.

62 Sabemos como Beethoven aparece para Adorno como o momento máximo de resolução positiva da dialética do particular e do universal projetada na estrutura da dinâmica musical. Isto porque, em sua música, o elemento melódico e motívico é praticamente pré-formado pela estrutura harmônica com suas regras de progressão e de construção de acordes. Daí porque Adorno pode afirmar que a música de Beethoven é algo como a "justificação da tonalidade". O fato de cada detalhe poder ser absorvido e justificado pela totalidade (o que nos explica porque a música de Beethoven seria "a mais organizada peça musical que pode ser concebida") levou Adorno, várias vezes, a comparar os processos composicionais de Beethoven

acaba por transformar Hegel em uma referência importante para a reflexão sobre a natureza da totalidade funcional das obras musicais. É por ter o problema da totalidade hegeliana em vista que Adorno compreenderá a função da forma estética, tão bem realizada por Beethoven, como a "mediação enquanto relação das partes entre si e relação à totalidade, assim como completa elaboração (*Durchbildung*) de detalhes".[63] Ele será ainda mais claro quando definir a função da forma como "síntese musical",[64] ou quando ver na forma musical "a totalidade na qual um encadeamento (*Zusammenhang*) musical adquire o caráter de autenticidade".[65]

No entanto, Adorno insiste que a totalidade funcional das obras musicais não pode ser pensada mais como subsunção dos instantes particulares a estruturas formais de base. Em um texto tardio ele falará, por exemplo, da constituição de uma noção de "trabalho temático" não mais vinculada à noção clássica de temas claramente identificados e trabalhados através de repetições e modulações. Este trabalho temático de uma outra ordem seria o resultado de:

> Complexos de relativa independência que formam, devido a sua reunião, uma unidade que, graças a seu caráter e a maneira com

---

e a lógica hegeliana com sua maneira de articular a dialética entre o universal e o particular.

63 Adorno, *Ästhetische Theorie*, Frankfurt: Suhrkamp, 1973, p.216.

64 Adorno, *O fetichismo na música e a regressão da audição*, p.167.

65 Adorno, *Quasi una fantasia*, p.254. Isto levará alguém como Jean-François Lyotard a afirmar, sobre a filosofia adorniana da música: "o material só vale como relação, só há relação. O som reenvia à série, a série às operações sobre ela" (Jean-François Lyotard, *Des dispositifs pulsionnels*, Paris: Galilée, p.118).

> que se relacionam uns aos outros, apresenta-se como necessário, sem que motivos dados reapareçam através da obra sob uma forma idêntica ou variada.[66]

Ou seja, o que Adorno procura aqui é uma noção de síntese "não totalizante" e de unidade que seja capaz de conservar a heterogeneidade dos elementos que ela compõe. Isto fica ainda mais claro quando afirma, a respeito de seu conceito programático de *música informal*: "os impulsos e relações de uma *música informal* não pressupõem nenhuma regra a qual ela seria submetida *a priori*, nem mesmo um princípio como o do tematismo".[67] Pois só há escrita temática (no sentido que Adorno quer defender) lá onde o todo se forma a partir de elementos independentes que não se relacionariam entre si *a priori*, mas através de um "devir" no qual o todo é resultado de uma processualidade contínua. Trata-se, pois, de conservar as estruturas de ligação entre elementos, mas aplicando-a a elementos que permanecem heterogêneos. Adorno tenta se explicar melhor servindo-se, e isto não deixa de soar surpreendente, de Hegel:

> A ideia de Hegel, segunda a qual, mesmo se toda imediaticidade é mediada, dependente de seu contrário, o conceito mesmo de um elemento imediato, como fruto de um devir, de um engendramento, não desaparece simplesmente na mediação – esta ideia é, sem dúvida fecunda para a teoria musical. No entanto, tal elemento de imediaticidade, em música, não seria o som em si

66 Adorno, idem, p.314.
67 Idem.

mesmo, mas a figura do detalhe apreendido isoladamente lá onde ele aparece, como uma unidade relativamente plástica, distinta de todo contraste e de todo desenvolvimento.[68]

Uma afirmação como esta demonstra, primeiro, que Adorno reconhece como a totalidade em Hegel não se confunde com uma sistematicidade absoluta. Ele sabe que o momento imediato não desaparece simplesmente na mediação, o que não poderia ser diferente, já que a relação entre o conceito e o não conceitual é decisiva tanto no conceito adorniano quanto no hegeliano de mediação.[69] O que Adorno salienta outras vezes, ao afirmar, por exemplo, que:

> A expansão ilimitada do sujeito ao Espírito absoluto em Hegel tem por consequência que, como um momento inerente a esse Espírito, não apenas o sujeito, mas também o objeto aparecem de modo substancial e com toda a reivindicação de seu próprio

68 Idem, p.319.

69 Basta levarmos a sério afirmações como: "A essência, enquanto se determina como fundamento, determina-se como o não determinado, e apenas o superar deste seu ser determinado que é seu determinar" (Hegel, *Wissenschaft der Logik II*, Frankfurt: Suhrkamp, p.80). Ou seja, a relação da essência consigo mesma só pode ser pensada lá onde a experiência do não determinado, do que não se submete integralmente às determinações do entendimento, puder ser tematizada. Lembremos ainda como Adorno insistirá: "Conceitos como o conceito de ser no começo da *Lógica* hegeliana denotam de início um elemento enfaticamente não conceitual; para usar uma expressão de Lask, eles visam a algo para além de si mesmos" (Adorno, *Dialética negativa*, op. cit., p.18).

ser. Assim, a tão admirada riqueza material de Hegel é ela própria função do pensamento especulativo.[70]

Segundo, trata-se de afirmar que tal concepção da totalidade poderia se atualizar na experiência da forma musical. Experiência vinculada à maneira com que o detalhe musical, em certas obras, não é apenas momento de uma relação de contraste (do tipo antecedente/consequente), elemento na sequência inexorável de um desenvolvimento motívico ou ainda momento de um pensamento serial alargado. Nesse sentido, apreender o detalhe musical como uma "unidade relativamente plástica" significa procurar o motor de seu desenvolvimento dinâmico não na submissão a um esquema (seja ele a noção de série ou as constantes formais da linguagem musical tonal), mas no conflito irredutível do material com a forma. Conflito que encontra sua forma primordial no estilo tardio de Beethoven.

Esta não identidade entre forma e material não é, no entanto, suspensão da dialética em prol de uma irredutibilidade primária do "elemento da imediaticidade". Se assim fosse, teríamos obras que seriam apenas justaposições que tenderiam ao fragmentário, e não obras que internalizam seu próprio princípio de desestabilização em um esforço ulterior de construção (como, para Adorno, *Erwartung*, de Schoenberg, ou o *Quarteto de cordas*, de Berg).

Na verdade, vemos aqui as consequências da aplicação estética de uma ideia já presente quando Adorno afirmar:

70 Ver p.21-2.

> Hegel se curva em toda parte à essência própria do objeto, em toda parte o objeto é renovadamente imediato, mas mesmo essa subordinação à disciplina da coisa exige o mais extremo esforço do conceito. A disciplina da coisa triunfa no momento em que as intenções do sujeito se desfazem no objeto.[71]

Nota-se como tal afirmação, que vai na contramão da crítica adorniana à dialética sujeito-objeto em Hegel, não é, no fundo, uma dialética. Pois só podemos dizer que o sujeito desfaz suas intenções no objeto quando ele reconhece como sua as tendências internas ao material. Ao fazer suas tais tendências, ele necessariamente produz mediações, mas agora levando o esforço do conceito ao extremo. A este modo de compreender mediações através do esforço de desfazer as intenções do sujeito na resistência do objeto, de reconhecer a tendência do objeto a aparecer como "renovadamente imediato", Adorno chamará de mimese. A defesa da irredutibilidade da mimese na arte mais avançada serve para Adorno pensar construções que não se deduzam das determinações regulares da pura reflexão formal, mas que são capazes de acolher um princípio de desenvolvimento contraditório com a autonomia da pura forma. Através deste problema relacionado à mimese, Adorno pode mostrar como "a filosofia como um todo é aliada à arte na medida em que gostaria de salvaguardar no médium do conceito a mimese reprimida por este".[72]

Desta maneira, tudo se passa como se o pensamento se servisse da estética para pensar aquilo que lhe é interditado em

71 Ver p.23-4.

72 Ver p.162.

outras esferas da vida social. Através da reflexão sobre a forma musical, problemas filosóficos de forte capacidade de indução de transformações sociais, como a possibilidade de uma totalidade que não seja simplesmente a afirmação autárquica do princípio de identidade, são recuperados. O que não deve nos surpreender, já que:

> A liberação da forma, como quer toda arte autenticamente genuína, é acima de tudo a marca da liberação da sociedade, pois a forma, a coesão estética (ästhetische Zusammenhang) de todos singulares (*Einzelnen*) representa na obra de arte as relações sociais; por isto, o estabelecido se escandaliza com a forma liberada (*befreite Form*).[73]

Há de se lembrar disto quando for questão de avaliar as relações entre Adorno e Hegel, assim como seus respectivos conceitos de dialética. Não é possível compreendê-la em toda sua extensão amputando o sentido do recurso filosófico à estética, com suas referências estratégicas a Hegel, no interior da obra adorniana. De toda forma, que uma figura fundamental da reconciliação desloque-se, paradoxalmente, para esta arte que parece recusar toda conciliação possível não deve nos estranhar.

A crise da linguagem filosófica

Aqui, podemos chegar a um ponto final. Dos três ensaios que compõem os *Três estudos sobre Hegel*, é "Skoteinos ou Como ler" que talvez evidencie de maneira mais forte a distância

---

73 Adorno, *Ästhetische Theorie*, op. cit., p.379.

entre Hegel e Adorno. Não por acaso, trata-se de um ensaio sobre a linguagem filosófica e suas ilusões de sistematicidade. Mas neste ponto de maior distância a diferença entre Adorno e Hegel aparece como uma estranha diferença entre Hegel e ele mesmo.

Há duas teses fundamentais pressupostas no ensaio de Adorno. Primeiro, que a dialética coloca-se em confronto aberto com a linguagem do senso comum, pois ela procura mostrar como a experiência filosófica só começa lá onde o regime de clareza e distinção naturalizado pelo senso comum é denunciado como expressão de uma consciência reificada das coisas. Isso porque o senso comum não é uma linguagem desinflacionada do ponto de vista metafísico. Ao contrário, ele é a naturalização de uma metafísica que não tem coragem de dizer seu nome e que, no estágio atual do capitalismo avançado, articula-se com os modelos de abstração próprios à racionalidade instrumental que imperam na redução da linguagem à dimensão de instrumento de comunicação. Na crítica da linguagem clara do senso comum, a crítica dos modos de mediação social no capitalismo aproxima-se da reflexão metafísica sobre a natureza antipredicativa do que se manifesta fragilizando toda determinação.

Sendo assim, a linguagem filosófica dotada de força crítica será vista pelo senso comum, necessariamente, como uma *linguagem da opacidade*. Apenas os filósofos obscuros deixarão claro o esforço da língua em dizer aquilo que não se submete ao padrão de visibilidade herdado da praça do mercado. Daí uma afirmação importante como: "Se a filosofia pudesse ser de algum modo definida, ela seria o esforço para dizer aquilo sobre o que não se pode falar".[74]

Mas se a opacidade paradoxalmente tem uma precisão na descrição de objetos, se ela fornece uma inteligibilidade que não se confunde com a clareza, é porque a dialética como linguagem filosófica é, necessariamente, uma linguagem capaz de servir-se produtivamente de sua própria inadequação. Ela não se deixa fascinar pela força ordenadora inspirada por uma certa leitura positivista da matemática e da lógica. Ao contrário, como linguagem que se serve de sua própria inadequação, ela parecerá a expressão de um imigrante que aprende uma língua estrangeira:

> Impaciente e sob pressão, ele tende a operar menos com o dicionário do que ler tudo aquilo a que tem acesso. Dessa forma, muitas palavras se revelarão graças ao contexto, mas permanecerão extensamente circundadas por um halo de indeterminação, suportarão confusões risíveis, até que, por meio da riqueza de combinações em que aparecem, elas se desmistificam totalmente e melhor do que permitiria um dicionário, no qual a escolha dos sinônimos está presa a todas as limitaçoes lexicográficas e à falta de sofisticação linguística.[75]

A opacidade semântica própria a este "halo de indeterminação" não desaparece diante do ganho na habilidade pragmática do imigrante que descobre a riqueza de combinações da língua estrangeira. Ela é condição para tal riqueza, pois é autorização

74 Ver p.136.
75 Ver p.143.

para o desvelamento de relações potenciais que se revelam na contingência, relações que o falante nativo não saberia como fazer ressoar, mas que o imigrante encontra. Não por acaso, é esta mesma metáfora do imigrante diante de uma língua estrangeira que Adorno usará para falar da situação do compositor contemporâneo.

No entanto, e esta é a segunda tese do ensaio, Adorno insistirá que Hegel age como quem não suporta estar diante desta linguagem da inadequação na qual a dialética se transformou. Ele parece em vários momentos, dirá Adorno, lutar contra essa linguagem que ele mesmo colocou em marcha. Ou seja, paradoxalmente, é como se Adorno estivesse a dizer que Hegel seria simplesmente incapaz de se reconciliar com a sua própria linguagem filosófica, de penetrar no quimismo de sua própria forma linguística: "Ele teria preferido escrever filosofia da maneira tradicional, sem que sua linguagem mostrasse a diferença em relação à teoria tradicional".[76] Mas a natureza especulativa de seu pensamento lhe impediu de escrever em sua forma preferida, como se o objeto acabasse por exigir um estilo no qual o sujeito não se reconhece. Contrariamente ao seu objeto, o sujeito Hegel estaria ainda vinculado a uma noção da linguagem baseada no primado da fala sobre a escrita (tema maior das leituras sobre Hegel feitas por Derrida). Linguagem compreendida como simples meio de comunicação, e não "como aquele aparecer da verdade que, tal como na arte, a linguagem deveria ser para ele".[77] Como dirá Adorno, o homem que refletiu sobre toda reflexão não

76 Ver p.145-6.
77 Ver p.156.

refletiu sobre a linguagem. Por isso, ela será, para Hegel, um instrumento de comunicação, e não o aparecer de uma verdade que não comunica, mas que corta a fala em um ato inesperado de criação e que faz deste corte o motor de uma escrita.

Neste sentido, o cerne da crítica de Adorno parece ser a incapacidade de Hegel compreender a crise da linguagem filosófica e a maneira com que a linguagem só tira sua força da reflexão sobre sua própria crise. Mas isso só seria possível para alguém fiel à experiência estética de ruptura que Hegel não conheceu. Experiência que Adorno vivenciou como o acontecimento decisivo de sua experiência filosófica e de seu tempo. Experiência que nos mostra como o aparecer da verdade só é possível em uma linguagem que reflete sobre sua própria crise, mas que sabe transformar sua crise histórica em manifestação ontológica.

De toda forma, não deixa de ser irônico descobrir como Hegel, que passou à história como o sinônimo de construtor de um sistema fechado e enciclopédico, no qual a totalidade se afirmaria sem falhas em uma rede de necessidades, conviveu de maneira tão próxima com este aparecer da verdade do qual fala Adorno. Pois podemos até mesmo dizer que foi na meditação da experiência pessoal de Hegel com sua própria fala (o que coloca um grão de areia na ideia da linguagem centrada na fala como prisioneira do princípio de identidade) que toda uma tradição filosófica acabou por encontrar seu caminho. Terminemos então dando voz mais uma vez a ela, através da descrição de seu aluno, Hotho:

> Exausto, mal-humorado, lá estava ele sentado, recolhido em si mesmo com a cabeça inclinada e, enquanto falava, folheava

> e procurava continuadamente em seus longos cadernos, para a frente e para trás, de cima a baixo; a tosse e o constante pigarro interrompiam o fluxo do discurso. Todas as frases permaneciam isoladas e vinham à tona penosamente, fragmentadas e em total desordem. Cada palavra e cada sílaba se desprendiam apenas a contragosto, numa voz metálica, para receber num dialeto suábio aberto uma ênfase assombrosamente exagerada, como se cada uma delas fosse a mais importante de todas [...]. Uma oratória que flui suavemente pressupõe ter chegado a termo com seu objeto, interna e exteriormente, e a destreza formal permite deslizar verborrágica e graciosamente no médio e no baixo alemão. Mas esse homem tinha de desafiar os pensamentos mais poderosos desde o solo mais profundo das coisas, e se elas tivessem um efeito vívido, deveriam ser novamente produzidas por ele num presente cada vez mais vivo, mesmo que tivessem sido ponderadas por muito tempo e retrabalhadas ao longo dos anos.[78]

Este homem que lutava contra a impotência de cada palavra e cada sílaba, que as arrancava à força de sua condição, tão bem descrita por Mallarmé, de moeda sem face que se passa de mão em mão em silêncio, foi quem novamente colocou o pensamento nos trilhos da dialética.

Bibliografia básica recomendada

BERNSTEIN, Jay. Negative Dialectic as Fate: Adorno and Hegel. In: HUHN, T. (ed.). *The Cambridge Companion to Adorno*. Cambridge: Cambridge University Press, 2004.

---

78 Hotho apud Adorno, ver p.158-9.

BOZZETTI, Mauro. *Hegel und Adorno*: die kritische Funktion des philosophischen System. Friburgo-Munique: K. Alber Verlag, 1996.

O'CONNOR, Brian. Hegel, Adorno and the Concept of Mediation, *Bulletin of the Hegel Society of Great Britain* (39/40): 84-96.

PIPPIN, Robert. Negative ethics: Adorno on the Falseness of Bourgeois Life. In: *The Persistence of Subjectivity*: on the Kantian Aftermath, Cambridge: Cambridge University Press, 2005.

STEINMETZ, Michael. *Zur Dialektik bei Adorno und Hegel*. Grin Verlag, 2007.

Breve nota à tradução brasileira

Os textos aqui reunidos foram traduzidos a partir da edição *Gesammelte Schriften in 20 Bänden – Band 5: Zur Metakritik der Erkenntnistheorie. Drei Studien zu Hegel*. Frankfurt am Main: Suhrkamp Verlag, 2003. A paginação dessa edição é fornecida no corpo do texto, indicada com barras.

As seguintes traduções foram consultadas como apoio, das quais se adotou uma ou outra solução sempre que se julgou oportuno:

- *Hegel: Three Studies*. Cambridge, Massachusetts; Londres: MIT Press, 1993 (trad. Shierry Weber Nicholsen);
- *Trois Études sur Hegel*. Paris: Payot, 1979 (trad. Éric Blondel, Ole Hansen-Love, Philippe Joubert, Marc B. de Launay, Théo Leydenbach, Pierre Pénisson e Mireille Béréziat);
- *Tres Estudios sobre Hegel*. Madrid: Taurus, 1970 (trad. Victor Sanchez de Zavala).

Sempre que possível, foram utilizadas para cotejo as traduções brasileiras disponíveis nas passagens que Adorno cita das obras de Hegel ao longo do texto, como é o caso da *Fenomenologia do Espírito*, da *Ciência da Lógica, da Enciclopédia das Ciências Filosóficas* e dos *Princípios da Filosofia do Direito*. As referências a cada uma delas se encontram nas notas, entre colchetes, após a indicação do próprio Adorno.

O tradutor agradece ao Grupo de Estética da Faculdade de Filosofia, Letras e Ciências Humanas da Universidade de São Paulo pela leitura e pelas sugestões feitas à tradução.

A Comissão editorial agradece ainda a Eduardo Socha pelo seu inestimável auxílio no trabalho de revisão da tradução.

Índice onomástico

SOBRE O LIVRO

Formato: 14 x 21 cm

Mancha: 23 x 44 paicas

Tipologia: Venetian 301 12,5/16

Papel: Off-white 80 g/m² (miolo)

Cartão Triplex 250g/m² (capa)

1ª edição Editora Unesp: 2013

2ª edição Editora Unesp: 2025

EQUIPE DE REALIZAÇÃO

Edição de texto

Nair Hitomi Kayo (Preparação de texto)

Tomoe Moroizumi (Revisão)

Capa

Vicente Pimenta

Editoração eletrônica

Eduardo Seiji Seki (Diagramação)

Assistente de produção

Erick Abreu

Assistência editorial

Alberto Bononi

Gabriel Joppert